Kauderwelsch

Lars Kabel
Irisch-Gälisch
Wort für Wort

für Astrid

**REISE KNOW-HOW
im Internet
www.reise-know-how.de
info@reise-know-how.de**

*Aktuelle Reisetipps
und Neuigkeiten,
Ergänzungen nach
Redaktionsschluss,
Büchershop und
Sonderangebote
rund ums Reisen*

Kauderwelsch-Sprechführer sind anders!

Warum? Weil sie Sie in die Lage versetzen, wirklich zu sprechen und die Leute zu verstehen.

Wie wird das gemacht? Abgesehen von dem, was jedes Sprachbuch bietet, nämlich Vokabeln, Beispielsätze etc., zeichnen sich die Bände der Kauderwelsch-Reihe durch folgende Besonderheiten aus:

Die **Grammatik** wird in einfacher Sprache so weit erklärt, dass es möglich wird, ohne viel Paukerei mit dem Sprechen zu beginnen, wenn auch nicht gerade druckreif.

Alle Beispielsätze werden doppelt ins Deutsche übertragen: zum einen **Wort-für-Wort**, zum anderen in „ordentliches" Hochdeutsch. So wird das fremde Sprachsystem sehr gut durchschaubar. Denn in einer fremden Sprache unterscheiden sich z. B. Satzbau und Ausdrucksweise recht stark vom Deutschen. Ohne diese Übersetzungsart ist es so gut wie unmöglich, schnell einzelne Wörter in einem Satz auszutauschen.

Die **Autorinnen** und **Autoren** der Reihe sind Globetrotter, die die Sprache im Land selbst gelernt haben. Sie wissen daher genau, wie und was die Leute auf der Straße sprechen. Deren Ausdrucksweise ist nämlich häufig viel einfacher und direkter als z. B. die Sprache der Literatur oder des Fernsehens.

Besonders wichtig sind im Reiseland **Körpersprache, Gesten, Zeichen** und **Verhaltensregeln**, ohne die auch Sprachkundige kaum mit Menschen in guten Kontakt kommen. In allen Bänden der Kauderwelsch-Reihe wird darum besonders auf diese Art der nonverbalen Kommunikation eingegangen.

Kauderwelsch-Sprechführer sind keine Lehrbücher, aber viel mehr als Sprachführer! Wenn Sie ein wenig Zeit investieren und einige Vokabeln lernen, werden Sie mit ihrer Hilfe in kürzester Zeit schon Informationen bekommen und Erfahrungen machen, die „taubstummen" Reisenden verborgen bleiben.

Inhalt

Inhalt

- 9 Vorwort
- 10 Hinweise zur Benutzung
- 14 Das irische Gälisch
- 18 Karte der irisch-gälischsprachigen Regionen

Grammatik

- 19 Alphabet & Schrift
- 20 Lautschrift
- 26 Wörter, die weiterhelfen
- 29 Zwei wichtige Regeln: Lenition & Eklipse
- 32 Hauptwörter
- 35 Dieses & jenes
- 36 Eigenschaftswörter
- 41 Steigern & vergleichen
- 46 Persönliche Fürwörter
- 47 Besitzanzeigende Fürwörter
- 48 Tätigkeitswörter
- 64 Die Befehlsform
- 65 Bindewörter
- 66 Verhältniswörter
- 71 Die drei Fälle
- 75 Verneinung
- 78 Fragen
- 87 Zahlen & zählen
- 91 Zeit & Datum

Konversation

- 97 Kurz-Knigge
- 99 Die irisch-gälische Namensgebung
- 100 Anrede

Inhalt

- 102 Begrüßen & verabschieden
- 106 Das erste Gespräch
- 110 Bitten, danken, wünschen
- 113 Zu Gast sein
- 115 Unterwegs
- 125 Übernachten
- 128 Essen & Trinken
- 139 Einkaufen
- 143 Tanz & Musik
- 149 Politik
- 151 Bank, Post & telefonieren
- 155 Fotografieren
- 156 Rauchen
- 157 Toilette
- 158 Schimpfen & fluchen
- 159 Die Dialekte
- 164 Irisch & Englisch
- 166 Geografische Begriffe
- 170 Unregelmäßige Verben

Anhang

- 172 Literaturhinweise
- 174 Wortliste Deutsch – Irisch-Gälisch
- 184 Wortliste Irisch-Gälisch – Deutsch
- 192 Der Autor

Buchklappe vorne *Zahlen, Lenition, Eklipse*
Lautschrift, Abkürzungen Wortliste & Wort-für-Wort
Nichts verstanden? – Weiterlernen!

Buchklappe hinten *Die wichtigsten Fragewörter, Richtungsangaben,*
Zeitangaben, Fragen, Floskeln & Redewendungen

Vorwort

Irland ist ein beliebtes Reiseland. Wenn man sein Schulenglisch noch einigermaßen parat hat, dann treten, hat man sich erst in die irischen Akzente des Englischen eingehört, eigentlich keine besonderen Sprachprobleme auf. Doch trifft man auf Straßenschildern, in den Medien, in der traditionellen irischen Musik, in bestimmten Pubs und Cafés in Städten wie Dublin, Galway und Belfast sowie an einigen Dörfern entlang der Süd- und Westküste auf eine Sprache, die mit dem Englischen nichts zu tun hat und laut irischer Verfassung sogar die erste Nationalsprache ist: das Irische, auch als Gälisch bezeichnet.

Auch wenn man mit Englisch sehr weit kommt, so gewähren einige Kenntnisse im Irischen doch Zugang zu einem Bereich irischer Kultur, der den meisten Ausländern verschlossen bleibt. Irisch ist nicht nur die Muttersprache der Menschen in den sogenannten **Gaeltacht**-Gebieten, sondern wird von allen Bürgern und Bürgerinnen der Republik Irland sowie von vielen Menschen in Nordirland in der Schule gelernt. Mittlerweile gibt es eine lebendige und moderne irischsprachige Kultur inner- und außerhalb der **Gaeltacht**-Gebiete. Wenn Sie ein wenig Zeit investieren, werden Sie nicht nur viele in Irland auch im Englischen gebräuchliche

a naoi | 9

irischsprachige Begriffe verstehen und aussprechen können, sondern auch mit Muttersprachlern und irischen Lernern des Gälischen einfache Unterhaltungen führen können.

Viel Freude beim Lernen und auf der grünen Insel: **Go n-éirí leat!**
Lars Kabel

Hinweise zur Benutzung

Der Kauderwelsch-Band „Irisch-Gälisch" ist in drei wichtige Abschnitte gegliedert:

Grammatik Die Grammatik beschränkt sich auf das Wesentliche und ist so einfach gehalten wie möglich. Deshalb sind auch nicht sämtliche Ausnahmen und Unregelmäßigkeiten der Sprache erklärt. Wer nach der Lektüre gerne noch tiefer in die Grammatik der irischen Sprache eindringen möchte, findet im Anhang eine Bücherliste mit weiterführenden Lehrbüchern. Man kann die Grammatik auch überspringen und sofort mit dem Konversationsteil beginnen. Tauchen dann noch Fragen auf, kann man immer noch in der Grammatik nachsehen.

Hinweise zur Benutzung

Im Konversationsteil finden Sie Sätze aus der **Konversation**
Alltagssprache, die Ihnen einen ersten Eindruck davon vermitteln sollen, wie die irische Sprache „funktioniert" und die Sie auf das vorbereiten sollen, was Sie später in Irlands **Gaeltacht**-Gebieten hören werden. Mit Hilfe der Wort-für-Wort-Übersetzung können Sie bald eigene Sätze bilden. Sie können die Beispielsätze als Fundus von Satzschablonen und -mustern benutzen, die Sie selbst Ihren Bedürfnissen anpassen. Um Ihnen das zu erleichtern, ist ein erheblicher Teil der Beispielsätze nach allgemeinen Kriterien geordnet („begrüßen", „verabschieden", „bitten", „danken" usw.). Mit einem kleinen bisschen Kreativität und Mut können Sie sich neue Sätze „zusammenbauen", auch wenn das Ergebnis nicht immer grammatikalisch perfekt ausfällt.

Jede Sprache hat ein typisches Satzbaumuster. Um die sich vom Deutschen unterscheidende Wortfolge irischer Sätze zu verstehen, ist die Wort-für-Wort-Übersetzung in kursiver Schrift gedacht. Jedem irischen Wort entspricht ein Wort in der Wort-für-Wort-Übersetzung. Wird ein irisches Wort im Deutschen durch zwei Wörter übersetzt, werden diese zwei Wörter in der Wort-für-Wort-Übersetzung mit einem Bindestrich verbunden:

Wort-für-Wort-Übersetzung

original Irisch:	**Ólaim bainne.**
Lautschrift:	oolim banje
Wort für Wort:	*trinke-ich Milch*
Übersetzung:	Ich trinke Milch.

Hinweise zur Benutzung

Werden in einem Satz mehrere Wörter angegeben, die man untereinander austauschen kann, steht ein Schrägstrich:

Is as an nGearmáin/an Eilvéis/an Ostair mé.
is as é' ngärémá'n/én elveesch/én osté'r mee
bin aus das Deutschland/die Schweiz/das Österreich ich
Ich komme aus Deutschland/der Schweiz/Österreich.

Einige irische Wörtchen können nicht übersetzt werden. Sie werden in der Wort-für-Wort-Übersetzung mit „P" als Abkürzung für „Partikel" bezeichnet. Diese Partikel haben keine eigenständige Wortbedeutung. Die „Fragepartikel", abgekürzt „FP", hat die Funktion, den Satz als Frage zu kennzeichnen.

Im Irischen gibt es keine Unterscheidung zwischen „du" und „Sie". Daher wird die Anrede in diesem Sprachführer mal mit „Sie", mal mit „du" übersetzt, was nicht als Respektlosigkeit zu verstehen ist!

Bhí sé go deas.
vii schee go däs
war es P nett
Es war nett.

An bhfuil Gaeilge agat?
é' wil gᵘeelgé agét
FP ist Irisch bei-du
Sprichst du Irisch?

Die hochgestellte Zahl 2 „²" hinter einem Wort in der Wort-für-Wort-Übersetzung bedeutet, dass dieses im Irischen im 2. Fall (Genitiv) gebeugt ist. Will man dieses Wort austauschen, muss man auch das neue Wort im 2. Fall beugen.

Bhí an Gearmánach ag foghlaim Gaeilge.
vii 'n gärémánéch eg fooléim gᵘeelgé
war der Deutsche bei Lernen Irisch²
Der Deutsche lernte Irisch.

Hinweise zur Benutzung

Im Irischen fallen in der Aussprache oftmals Laute weg, was in der Lautschrift durch das Apostroph (') angezeigt wird. Für die Aussprache selber hat es keine Bedeutung.

Cén chaoi a bhfuil tú?
kee'ehii' wil tuu
was-die Weise die bist du
Wie geht es dir/Ihnen?

Wörterlisten

Die Wörterlisten am Ende des Buches helfen Ihnen dabei. Sie enthalten einen Grundwortschatz von je ca. 700 Wörtern Deutsch-Irisch und Irisch-Deutsch, mit denen man schon eine ganze Menge anfangen kann.

Umschlagklappe

Die Umschlagklappe hilft, die wichtigsten Sätze und Formulierungen stets parat zu haben. Hier finden sich außerdem die wichtigsten Angaben zur Aussprache und die Abkürzungen, die in der Wort-für-Wort-Übersetzung und in den Wörterlisten verwendet werden; weiterhin eine kleine Liste der wichtigsten Orts-, Richtungs- und Zeitangaben. – Wer ist nicht schon einmal aufgrund missverstandener Gesten im fremden Land auf die falsche Fährte gelockt worden?

Aufgeklappt ist der Umschlag eine wesentliche Erleichterung, da nun die gewünschte Satzkonstruktion mit dem entsprechenden Vokabular aus den einzelnen Kapiteln kombiniert werden kann.

Seitenzahlen
Um Ihnen den Umgang mit den Zahlen zu erleichtern, wird auf jeder Seite die Seitenzahl auch in Irisch-Gälisch angegeben!

a trí dhéag | **13**

Das irische Gälisch

Die gälische Sprache Irlands gehört zum keltischen Zweig der indoeuropäischen Sprachfamilie. Während keltische Sprachen wie das Gallische, die auf dem Festland gesprochen wurden, bereits um Christi Geburt ausstarben, werden in Irland, Schottland, Wales und der Bretagne noch heute keltische Sprachen gesprochen, die aber alle Minderheitensprachen sind.

Das Walisische und das Bretonische bilden den britannischen Zweig der keltischen Sprachen. Dagegen gehören das irische und das schottische Gälisch zum „goidelischen Zweig".

Die Geschichte des Gälischen beginnt in Irland, von wo aus Iren Teile Schottlands besiedelten. Im Lauf der Jahrhunderte entfernte sich die Sprache dieser Gegenden zunehmend voneinander, so dass man heutzutage von zwei selbstständigen Sprachen spricht. Die gälische Sprache Irlands wird meist als Irisch bezeichnet. Irisch ist dem Schottisch-Gälischen sehr ähnlich. Sprecher dieser beiden Sprachen können leichte Unterhaltungen miteinander führen, während es unmöglich ist, mit Irisch-Kenntnissen Walisisch oder Bretonisch zu verstehen.

Die ältesten Zeugnisse der irischen Sprache sind **Ogham**-Steine, auf denen längs den Kanten Striche mit verschiedenen Lautwerten eingeritzt sind. Größtenteils stehen auf den **Ogham**-Steinen nur Eigennamen. Vermutlich hatten sie Denkmalfunktion, zeigten Landbesitz an und dienten als Grabsteine.

Das irische Gälisch

Englisch kam mit den Anglo-Normannen im 12. Jahrhundert erstmals nach Irland, wurde aber nur von wenigen Menschen gesprochen. Nachdem kriegerische Konflikte im 17. Jahrhundert zur Folge hatten, dass die katholische, irischsprachige Elite größtenteils durch englischsprachige Anglikaner ersetzt wurde, wurde das Englische die Sprache der oberen Gesellschaftsschichten der Insel. Zwar sprach noch bis ins 19. Jahrhundert hinein die Mehrheit der Bevölkerung Irisch, doch war die Sprache im Bewusstsein der Bewohner Irlands eng mit Armut verbunden, während Englisch für sozialen Aufstieg stand. Die Einführung der Schulpflicht im Jahr 1831 – unterrichtet wurde ausschließlich auf Englisch – sowie die Hungersnot zwischen 1845 und 1849, die die irischsprachige Bevölkerung am härtesten traf, waren Faktoren, die die Anglisierung der Insel beschleunigten.

Während der Gebrauch der Sprache zu dieser Zeit also deutlich zurück ging, begannen sich im Zuge der Romantik Gelehrte für die irische Sprache zu interessieren. Zudem wurde für die neu entstehende nationalistische Bewegung das Irische ein wichtiges Symbol nationaler Identität. Nur mit einer eigenen Sprache, so das Argument der Nationalisten, könne Irland den Anspruch erheben, eine echte Nation zu sein.

1922 erlangten 26 der 32 irischen Counties die Unabhängigkeit von Großbritannien. Die Regälisierung Irlands wurde Staatsziel und das Irische 1937 sogar zur ersten National-

Mit der Christianisierung im 5. Jahrhundert begannen die Iren zu schreiben, zunächst auf Latein. Aber noch vor allen anderen Völkern Europas, etwa seit dem 6. Jahrhundert, schrieb man in der eigenen Volkssprache. Geschrieben wurde von Mönchen in den Klöstern. Recht unbekannt ist die reiche heroische Literatur der Insel, etwa das Epos Táin Bó Cuailnge *(Der Rinderraub von Cooley) oder die Abenteuer von* Fionn Mac Cumhaill *und seiner Kriegerschar, der* Fianna.

Das irische Gälisch

Da die irischsprachigen Gebiete mittlerweile voneinander getrennt sind, haben sich die einzelnen Dialekte weit voneinander entfernt. Die großen Dialekte, die wieder untergeordnete Varianten haben, sind das Ulster-*Irisch im* County Donegal, *das* Connacht-*Irisch in den* Counties Galway *und* Mayo *sowie das* Munster-*Irisch in den* Counties Waterford, Cork *und* Kerry.

sprache erklärt. Nun gab es weder eine Standardsprache noch eine einheitliche Schriftsprache. Die wenigen, die noch auf Irisch schrieben, orientierten sich an einem alten, von der gesprochenen Sprache weit entfernten gälischen Orthographie- und Grammatiksystem. 1953 wurde eine Standard-Grammatik veröffentlicht, die Elemente aller Dialekte enthält.

In der Republik Irland ist Irisch ein Pflichtfach an den Schulen. Die Gegenden, in denen noch Irisch gesprochen wird, die sogenannten **Gaeltacht**-Gebiete, auch zusammen als „die **Gaeltacht**" bezeichnet, haben einen besonderen Status und der Staat bemüht sich durch wirtschaftliche Förderung das Irisch dort zu erhalten. Der Schulunterricht in der **Gaeltacht** wird auf Irisch abgehalten und sämtliche Straßenschilder sind, zur Verwirrung der Touristen, rein irischsprachig, während sie im Rest der Republik zweisprachig gehalten sind. Durch den landesweit hörbaren Radiosender **Raidió na Gaeltachta** werden Lokalprogramme aus allen **Gaeltacht**-Gebieten und in allen Dialekten ausgestrahlt. Daneben gibt es seit 1996 den Fernsehsender **TG 4**, der sich an Muttersprachler wie auch an Menschen, die Irisch gelernt haben oder noch lernen, richtet.

In der ethnisch und konfessionell gespaltenen Gesellschaft Nordirlands galt Irisch lange als ein exklusives Symbol der katholischen, sich mit einem vereinten irischen Nationalstaat identifizierenden Bevölkerung und wird

Das irische Gälisch

in der Regel auch nur in katholischen Schulen unterrichtet. Im Rahmen des nordirischen Friedensprozess ist jedoch die Tendenz zu beobachten, dass manche kulturellen Symbole ihre bedrohliche Wirkung für die jeweils andere Seite verlieren. So gibt es nun unter nordirischen Protestanten ein zumindest vorsichtiges Interesse für die irische Sprache.

In beiden Teilen der Insel versuchen einige Iren den Schritt der Regälisierung für sich persönlich oder auch in der Familie durchzuführen. So gibt es vor allem im Einzugsbereich der Städte irischsprachige Schulen, **Gaelscoileanna**, in denen nach einem Irisch-Intensivprogramm sämtlicher Unterricht auf Irisch abgehalten wird. Pubs, in denen man zum Irischsprechen angehalten wird, die Zeitung **Lá** in Belfast und der Sender **Raidió na Life** in Dublin, all das sind weitere kulturelle Manifestationen einer städtischen gälischen Subkultur. Irischsprachige Literatur wird übrigens zu einem Großteil außerhalb der **Gaeltacht** gelesen.

Natürlich verändert sich die irische Sprache durch die Dominanz des Englischen. Auch in der **Gaeltacht** kommt niemand darum herum, täglich Englisch zu sprechen, etwa beim Arzt oder beim Einkauf in der nächsten größeren Ortschaft. Viele Begriffe des modernen Lebens existieren im Irischen nicht, weshalb Muttersprachler in diesem Fall auf englische Wörter zurückgreifen. Sprachaktivisten in den Städten benutzen hingegen oft künstliche Neuschöp-

In diesem Kauderwelsch-Band habe ich mich nach der Standard-Grammatik gerichtet, die überall verstanden wird. In Aussprache und Wortschatz gebe ich vor allem den Dialekt Connachts wieder, führe aber wichtige Dialektvariationen auf, so dass man sich auch auf die anderen Dialekte einstellen kann.

Das irische Gälisch

fungen (z.B. **idirghréasán** für „Internet"), die teilweise in den Wörterbüchern aufgelistet sind, aber in der **Gaeltacht** nicht verstanden und oft verächtlich als **Book-Irish** abgetan werden.

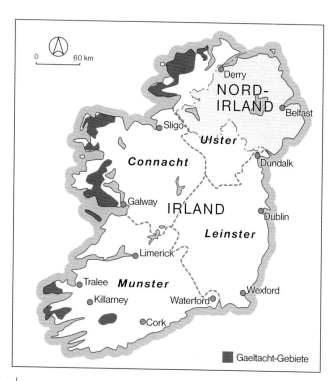

Gaeltacht-Gebiete

Alphabet & Aussprache

Das irische Alphabet hat 18 Buchstaben. Buchstabiert wird gewöhnlich auf Englisch.

a b c d e f g h i l m n o p r s t u

Die Selbstlaute können durch ein Akzentzeichen gedehnt werden, also: **á, é, í, ó, ú**.

Irisch wurde über Jahrhunderte mit der mittelalterlichen gälischen Schrift geschrieben. Etwa seit den fünfziger Jahren ist man zur international gebräuchlichen „Antiqua-Schrift" übergegangen. Allerdings wird die gälische Schrift auch heute noch häufig zu dekorativen Zwecken genutzt. Traditionell wird übrigens statt eines **h** auch ein Punkt über den vorhergehenden Buchstaben gesetzt – **ċ** statt **ch**.

Die Buchstaben j, k, q, v, w, x, y, z können in einigen wenigen Lehnwörtern auftauchen, die generell aber nur in Wörterbüchern stehen und von Muttersprachlern selten benutzt werden.

die traditionelle gälische Schrift

ɑ	b	c	ꝺ	e	f	ᵹ	h	i
a	b	c	d	e	f	g	h	i

l	m n	o	p	ꞃ	s	t	u
l	m n	o	p	r	s	t	u

a naoi déag

Lautschrift

Wie bereits im Zusammenhang mit der Dialektproblematik erwähnt, kann die in der Lautschrift wiedergegebene Aussprache je nach Region und Dialekt abweichen.

Die Schreibweise des Irischen ist sehr kompliziert und weicht manchmal von der Aussprache ab. Daher werden im vorliegenden Band „Irisch-Gälisch" alle Wörter und Sätze auch mit einer Lautschrift wiedergegeben, die es dem Lernenden ermöglicht, sofort zu sprechen. Die Lautschrift ist möglichst eng an das Deutsche angelehnt, lediglich die Sonderzeichen å, e, ~~eh~~ und ~~ehr~~ sowie ein hochgestelltes j, i und u werden benötigt.

Selbstlaute (Vokale)

a	wie „a" in „S<u>a</u>ck"
	mac mak (Sohn)
å	langes offenes „o" wie „aw" in engl. „l<u>aw</u>"
	tá tå (sein)
ä	wie „ä" in „K<u>ä</u>lte"
	bean bän (Frau)
e	kurzes offenes „e" wie in „b<u>e</u>llen"
	ceist kescht (Frage)
ee	langes geschlossenes „e" wie „B<u>ee</u>t"
	mé mee (ich)
ė	wie auslautendes „e" in „Flöt<u>e</u>"
	mála målė (Tasche)
i	kurzes „i" wie in „K<u>i</u>ste"
	cinnte kintė (sicher)
ii	langes „i" wie in „n<u>ie</u>"
	bí bii (sei!)

Lautschrift

o	kurzes offenes „o" wie in „S<u>o</u>cke" **seo** scho (dieser)
oo	langes geschlossenes „o" wie in „B<u>oo</u>t" **mór** moor (groß)
u	kurzes „u" wie in „K<u>u</u>tte" **dubh** duw (schwarz)
uu	langes „u" wie in „Sch<u>uh</u>" **tú** tuu (du)

Als hell werden die Selbstlaute **e** und **i** bezeichnet, als dunkel **a**, **o** und **u**.

Doppellaute (Diphtonge)

iė	„i" und auslautendes „e", etwa wie „iehe" in „fl<u>iehe</u>n" **bliain** bliėⁿ (Jahr)
ai	wie „ai" in „H<u>ai</u>" **radharc** rairk (Aussicht)
au	wie „au" in „T<u>au</u>" **Samhain** sauⁱn (November)
uė	„u" + auslautendes „e", wie „uhe" in „R<u>uhe</u>" **fuar** fuėr (kalt)

Mitlaute (Konsonanten)

Die Iren unterscheiden zwischen „schlanken" und „breiten" Mitlauten: **caol** – **leathan**. Auch im Deutschen gibt es diesen Unterschied. Offensichtlich ist er beim „ch"-Laut in „ich"

Kauderwelsch-AusspracheTrainer
Falls Sie sich die wichtigsten irischen Sätze, die in diesem Buch vorkommen, einmal von einem Iren gesprochen anhören möchten, kann Ihnen Ihre Buchhandlung den AusspracheTrainer zu diesem Buch besorgen. Sie bekommen ihn auch über unseren Internetshop
www.reise-know-how.de
Alle Sätze, die Sie auf dem Kauderwelsch-AusspracheTrainer hören können, sind in diesem Buch mit einem 🔊 gekennzeichnet.

fiche a haon | 21

Lautschrift

Wenn man einmal langsam die Städtenamen „Bochum" und „Bielefeld" ausspricht und dabei den unterschiedlichen Klang des Lautes „b" vergleicht, stellt man fest: Das „b" in „Bochum" ist „breit", da man den dunklen Selbstlaut o schon mitproduziert. Beim „b" in „Bielefeld" setzt man schon zum hellen Selbstlaut i an, wodurch es „schlank" wird.

gegenüber dem in „Bach". Der erste „ch"-Laut ist „schlank", der zweite „breit". Weniger offensichtlich ist der Unterschied bei anderen Mitlauten. Im Deutschen muss einem dieser Unterschied nicht bewusst sein, im Irischen dagegen ist er bedeutungsunterscheidend und tritt, mit Ausnahme des **h**, bei allen Mitlauten auf.

Im Irischen können helle Selbstlaute (**e,i**) „breiten" Mitlauten und dunkle Selbstlaute (**a,o,u**) „schlanken" Mitlauten folgen. Zwischen „schlanken" Mirlauten und dunklen Selbstlauten entsteht ein Gleitlaut, der wie ein „j" klingt und als hochgestelltes ʲ dargestellt wird. Andererseits gibt es auch einen Gleitlaut von „breiten" Mitlauten zu hellen Selbstlauten, der etwa wie ein eingeschobenes, kurz angedeutetes „u" klingt und in der Lautschrift als hochgestelltes ᵘ dargestellt wird. Zum Beispiel:

„breites" **b** + **o:**	**bó**	boo	(Kuh)
„schlankes" **b** + **o:**	**beo**	bʲoo	(lebendig)
„breites" **b** + **i:**	**buí**	bᵘii	(gelb)
„schlankes" **b** + **i:**	**bí**	bii	(sei!)

Nicht immer ist der Gleitlaut jedoch so deutlich, oft hört man nur ein leicht angedeutetes, kaum hörbares „i". Dieser Laut ist aber wichtig, denn nur so unterscheidet man z.B. **bád** båd (Boot) von der Mehrzahlform **báid** båʲd (Boote).

Lautschrift

ʲ	wie das „i" in „rab<u>i</u>at" **beo** bʲoo (lebendig)	*Dieses nur leicht angedeutete „i" wird in der Lautschrift durch ein hochgestelltes „ⁱ" dargestellt.*
i	leicht angedeutetes „i" **báid** båⁱd (Boote)	
u	wie das „u" in „pf<u>u</u>i" **naoi** nᵘii (neun)	

Die meisten Mitlaute werden ungefähr wie im Deutschen ausgesprochen. In der folgenden Liste stehen alle diejenigen Laute (der Lautschrift), die eine Erklärung benötigen.

ch	weiches „ch" wie in „<u>ich</u>" **deich** dech (zehn)
ch	raues „ch" wie in „Ba<u>ch</u>" **loch** loch (See)
chr	zwischen rauem „ch" und „r" **dhá** chrå (zwei)
h	wie „h" in „<u>H</u>ase" **hata** hatė (Hut)
j	wie „j" in „<u>J</u>ugend" **Ghiúdach** juudėch (jüdisch)
ng	wie „ng" in „sa<u>ng</u>" **sa nGearmáin** sa ngärėmåⁱn (in Deutschland)
r	gerolltes Zungenspitzen-„r" **rothar** rohėr (Fahrrad)
s	stimmloses „s" wie in „Bu<u>s</u>" **snámh** snåw (schwimmen)
sch	stimmloses „sch" wie in „<u>Sch</u>ule" **seoladh** schoolė (Adresse)

Lautschrift

v	„w", wie „v" in „Violine" **bhí** vii (war)
w	Halblaut zwischen „u" und „w", wie das „w" in engl. „water" **bhur** wur (euer)

Das Irische wird schnell gesprochen, und die Worte verschmelzen oft miteinander. So wird:

Más é do thoil é.
másch ee do ho'l ee
wenn-ist es dein Wille es
Bitte.

Wenn Laute „verschluckt", also nicht gesprochen werden, steht an dieser Stelle das Auslassungszeichen ('). Für die Aussprache selber hat es jedoch keine Bedeutung.

... eigentlich „máscheedoho'lee" ausgesprochen. Im nächsten Satz verschmelzen **sé** schee (er) und **ag** eg (bei) zu „schee'g".

Tá sé ag ól.
tå schee'g ool
ist er bei Trinken
Er trinkt gerade.

Ausgesprochen wird dieser Satz wieder wie tåscheegool, so als bestände er nur aus einem einzigen Wort.

Betonung & Schreibweise

Die Betonung liegt im Irischen meistens auf der ersten Silbe. In den wenigen Ausnahmefällen wird die betonte Silbe unterstrichen, wie z.B. in **anseo** énscho (hier).

Lautschrift

Irische Wörter erscheinen wegen ihrer verwirrenden Schreibweise oftmals nicht aussprechbar. Dieser Umstand ist nicht etwa auf eine unlogische Schreibweise zurückzuführen, sondern eher darauf, dass Worte oftmals noch wie im Mittelalter geschrieben werden.

Hier ein Beispiel: **leabhar** (Buch) wurde sicherlich einmal lävər ausgesprochen. Heute heißt es aber l¹aur in Munster und Connacht, aber l¹oor in Ulster, weshalb man sich auf keine moderne Schreibweise einigen kann.

Die Schreibweise folgt aber durchaus Regeln, für die man ein Gespür entwickeln kann. So wird beispielsweise labhairt *in Munster und Connacht* lau¹rt, *in Ulster hingegen* loo¹rt *ausgesprochen – und schon erkennen wir eine Regemäßigkeit bei der Aussprache der Buchstabenkombination* -abh-.
Im Anhang findet man eine Literaturliste mit Büchern zum Weiterlernen, in denen die Schreibweise teilweise ausführlich erklärt wird.

Vokalübereinstimmung

In der irischen Sprache gibt es „breite" und „schlanke" Mitlaute. Als die irischen Mönche begannen, ihre Sprache aufzuschreiben, verwendeten sie als Grundlage das lateinische Alphabet, in dem es diesen Unterschied jedoch nicht gibt. Deshalb entwickelten sie die Regel, dass die „Schlankheit" eines Mitlauts durch helle Selbstlaute (**e**, **i**) in dessen Umgebung und die „Breite" durch die dunklen Selbstlaute (**a**, **o**, **u**) dargestellt wird. Diese Regel heißt „Vokalübereinstimmung".

Wenn ein Mitlaut von Selbstlauten umgeben ist, verlangt die Vokalharmonie, dass diese entweder nur dunkel oder nur hell sind. Deshalb wird die Verbindung **-im** nach dem schlanken Mitlaut **g** in **tuigim** tuigim (ich verstehe) **-im** geschrieben, nach dem breiten Mitlaut **l** in **ólaim** oolim (ich trinke) jedoch **-aim**, ohne dass sich die Aussprache verändert!

fiche a cúig

Wörter, die weiterhelfen

Gabh mo leithscéal!
go mo leschkeel
nimm meine Entschuldigung
Entschuldigen Sie!

Más é do thoil é!
måsch ee do hoil ee
wenn-ist es dein Wille es
Bitte! *(als Aufforderung)*

An bhfuil ... ann? Gibt es ...?

An bhfuil teach tábhairne ann?
é' wil tläch tåweirné ån
FP ist Haus Kneipe dort/da
Gibt es eine Kneipe?

Möglicherweise lautet die Antwort:

Tá, tá teach tábhairne ann.
tå, tå tläch tåweirné ån
sein, ist Haus Kneipe (2) dort
Ja, es gibt eine Kneipe.

Níl, níl teach tábhairne ann.
niil, niil tläch tåweirné ån
nicht-sein, nicht-ist Haus Kneipe dort
Nein, es gibt keine Kneipe.

Wörter, die weiterhelfen

| **Cá bhfuil ... ?** | Wo ist ...? |

Cá bhfuil an teach tábhairne?
kå wil é' tⁱäch tåwé'rnė
wo ist das Haus Kneipe
Wo ist die Kneipe?

cógaslann	koogėslėn	Apotheke
dochtúir	dochtuu'r	Arzt
banc	bank	Bank
bus	bus	Bus
aerphort	eerfort	Flughafen
siopa	schopė	Geschäft
óstán	oostån	Hotel
na Gardaí	nė gardii	Polizei
Oifig an Phoist	ofig é' foscht	Postamt
teileafón	telėfoon	Telefon

In beide Konstruktionen können alle (sinnvollen) Wörter aus den Wörterlisten unverändert eingesetzt werden.

Damit Sie nicht ausschließlich auf Gesten angewiesen sind, hier einige Richtungshinweise:

ar dheis	er jesch	rechts
ar chlé	er chlee	links
anseo	énscho	hier
ansin	énschin	dort
díreach ar aghaidh	diirėch er aj	geradeaus
ar ais	er äsch	zurück
os comhair	os koo'r	gegenüber
in aice leis	in äkė lesch	in der Nähe von
taobh leis	tᵘiiw lesch	neben

fiche a seacht | 27

Wörter, die weiterhelfen

chomh fada	<s>ch</s>oo fadé	bis zu dem/der
leis an	lesch én	
thall ansin	hal énsch<u>i</u>n	dort drüben

An bhfuil ... agat?   Haben Sie ...?

An bhfuil arán agat?
é' wil arån agét
FP ist Brot bei-du
Haben Sie Brot?

Ba mhaith liom ...   Ich hätte gerne ...

Ba mhaith liom fuisce.
ba wa l^jom f^uischké
wäre gut mit-ich Whiskey
Ich hätte gerne Whiskey.

Cé mhéad a chosnaíonn ...?   Wie viel kostet ...?

Cé mhéad a chosnaíonn an bainne?
kee veed é <s>ch</s>osniién é ban^jé
was Menge P kostet die Milch
Wie viel kostet die Milch?

Cé mhéad a chosnaíonn sé seo?
kee veed é <s>ch</s>osniién schee scho
was Menge P kostet es das
Wie viel kostet das?

28 | fiche a hocht

Zwei wichtige Regeln: Lenition & Eklipse

Zwei wichtige Regeln: Lenition & Eklipse

Gleich zu Beginn soll auf zwei wichtige Regeln hingewiesen werden, die in den verschiedenen Grammatikkapiteln immer wieder in Erscheinung treten. Es handelt sich dabei um zwei Gesetzmäßigkeiten, nach denen sich der Anfangslaut eines Wortes bei bestimmten grammatischen Voraussetzungen verändert: die Lenition und die Eklipse.

Lenition

Die Lenition ist eine Gesetzmäßigkeit, bei der sich der Anfangslaut eines Wortes bei bestimmten grammatischen Voraussetzungen in charakteristischer Weise verändert. Nach den Zahlen 2 bis 6 tritt z.B. eine Lenition ein.

Vergleiche:

ceapaire	>	**dhá cheapaire**
kĺäpé¹rė		ȼhrå chĺäpé¹rė
Sandwich		*zwei Sandwich*
Sandwich		zwei Sandwiches

carr	>	**dhá charr**
kår		ȼhrå ȼhår
Auto		*zwei Auto*
Auto		zwei Autos

Zwei wichtige Regeln: Lenition & Eklipse

Die folgende Übersicht dient zum Nachschlagen. Da die Lenition sehr häufig anzuwenden ist, lohnt es sich, hier öfter nachzuschlagen und mit konkreten Beispielen zu üben.

Das Zeichen „>" bedeutet „wird zu"; „+" bedeutet „vor den Selbstlauten".

irische Schreibweise		Aussprache
b > bh	(+ **e** oder **i**)	b > v
	(+ **a, o** oder **u**)	b > w
c > ch	(+ **e** oder **i**)	k > ch
	(+ **a, o** oder **u**)	k > ~~ch~~
d > dh	(+ **e** oder **i**)	d > j
	(+ **a, o** oder **u**)	d > ~~ehr~~
f > fh		f > *(entfällt)*
g > gh	(+ **e** oder **i**)	g > j
	(+ **a, o** oder **u**)	g > ~~ehr~~
m > mh	(+ **e** oder **i**)	m > v
	(+ **a, o** oder **u**)	m > w
p > ph		p > f
s > sh	(+ **e** oder **i**)	sch > h
	(+ **a, o** oder **u**)	s > h
t > th		t > h

Auf manchen Schildern, vor allem in traditioneller Schrift, steht statt des nachgestellten **h** manchmal ein Punkt über dem lenierten Buchstaben, z.B **ċ** statt **ch**.

Eklipse

Auch bei der Eklipse handelt es sich um eine Gesetzmäßigkeit, nach der sich Wörter unter bestimmten Bedingungen lautlich verändern, wie z. B. nach den Zahlen 7 bis 10.

Zwei wichtige Regeln: Lenition & Eklipse

Vergleiche:

bord	>	**naoi mbord**
baurd		nᵘii maurd
Tisch		*neun Tisch*
Tisch		neun Tische

carr	>	**naoi gcarr**
kår		nᵘii går
Auto		*neun Auto*
Auto		neun Autos

Die Regeln dafür, wann die Eklipse anzuwenden ist, werden in den folgenden Kapiteln nach und nach aufgeführt. Es lohnt sich, wie bei der Lenition, die Eklipse mit konkreten Beispielen auszuprobieren.

irische Schreibweise		Aussprache
b > mb		b > m
c > gc		k > g
d > nd		d > n
f > bhf	(+ **e** *oder* **i**)	f > v
	(+ **a, o** *oder* **u**)	f > w
g > ng		g > ng
p > bp		p > b
t > dt		t > d

tríocha a haon

Hauptwörter

grammatisches Geschlecht Es gibt im Irischen männliche und weibliche Hauptwörter (Substantive). Viele weibliche Wörter enden auf einen schlanken Mitlaut, wie z.B. **beoir** bjo:r' (Bier). Der Unterschied zwischen männlich und weiblich wird im Zusammenhang mit den Artikeln wichtig. In den Wörterlisten wird das grammatische Geschlecht durch die Abkürzungen „*m*" für „männlich" und „*w*" für „weiblich" stets mitangegeben.

Mehrzahl

Die Mehrzahl wird nicht bei allen Hauptwörtern gleich gebildet. In den Wörterlisten im Anhang und im Text sind verschiedene Hauptwortklassen durchnummeriert, z.B. „*m1*", „*w2*" usw. Dabei beziehen sich die Buchstaben „*m*" und „*w*" auf das grammatische Geschlecht, die Ziffer auf die Hauptwortklasse. Den Hauptwortklassen 1 bis 3 können bestimmte Mehrzahlendungen zugeordnet werden, die zwar nicht immer, aber häufig zutreffen (es gibt noch zwei weitere Klassen, die aber zu unregelmäßig sind). Übrigens sind im Konversationsteil die Mehrzahlformen mitangegeben.

m1: Die Mehrzahl der Wörter dieser Klasse wird meist dadurch gebildet, dass der „breite"

Hauptwörter

Mitlaut am Ende durch einen „schlanken" ersetzt wird, z.B.:

bád	båd	Boot
báid	bå¦d	Boote

w2: In dieser Klasse wird für die Mehrzahl oft ein **-a** -ė angehängt:

bróg	broog	Schuh
bróga	broogė	Schuhe

m3/w3: In dieser Klasse ist die Mehrzahlendung **-í** -ii am häufigsten:

dochtúir	doch̶tuu¦r	Arzt
dochtúirí	doch̶tuu¦rii	Ärzte

Andere häufige Mehrzahlendungen sind **-anna** -ėnii und **-acha** -ėch̶ii:

carr	kår	Auto
carranna	kårėnii	Autos
teanga	t¦ängė	Sprache
teangacha	t¦ängėch̶ii	Sprachen

Wenn man sich nicht anders zu helfen weiß, kann man einfach irgendeine Mehrzahlendung anhängen; man wird schon verstanden!

Artikel

Im Irischen gibt es nur den bestimmten Artikel („der, die, das"), der in der Einzahl **an** ėn und in der Mehrzahl **na** nė heißt. Das **n** von **an** wird allerdings nur dann ausgesprochen,

Hauptwörter

wenn das folgende Wort mit einem Selbstlaut beginnt oder das vorherige Wort mit einem Selbstlaut endet.

fear	fär	(ein) Mann
fir	fir	Männer
an fear	ë' fär	der Mann
na fir	në fir	die Männer

Weibliche Wörter werden nach dem Artikel in der Einzahl leniert:

beoir	blooir	ein Bier
an bheoir	ë' vlooir	das Bier

Männlichen Wörtern, die mit einem Selbstlaut beginnen, wird ein **t** vorangestellt:

Éireannach (*m*)	eerënëch	ein Ire, eine Irin
an tÉireannach	ë' teerënëch	der Ire, die Irin

Beginnt ein Wort in der Mehrzahl mit einem Selbstlaut, so wird ihm ein **h** vorangestellt, wenn es mit dem bestimmten Artikel Mehrzahl **na** steht:

Éireannaigh	eerënii	Iren, Irinnen
na hÉireannaigh	në heerënii	die Iren, die Irinnen

Im 2. Fall (Genitiv) und nach einigen Verhältniswörtern treten weitere Veränderungen auf.

Dieses & Jenes

Die hinweisenden Fürwörter **seo** scho (diese, -r, -s), **sin** schin (jene, -r, -s) und **úd** uud (jene, -r, -s dort) werden dem Hauptwort nachgestellt; sie sind für männliche und weibliche Hauptwörter gleich. Das Hauptwort steht immer mit dem Artikel. Etwas, das sich sehr nah beim Sprecher befindet, wird mit **seo,** das, was von ihm sehr weit entfernt ist, mit **úd** bezeichnet.

an fear seo
e' fär scho
der Mann dieser
dieser Mann

an bhean sin
e' vän schin
die Frau jene
jene Frau

an fear úd
e' fär uud
der Mann jener-dort
jener Mann dort

Eigenschaftswörter

Eigenschaftswörter

Eigenschaftswörter (Adjektive) werden im Irischen dem Hauptwort nachgestellt. Ist das Hauptwort weiblich, so wird das Eigenschaftswort leniert.

fear maith	**bean mhaith**
fär ma	bän wa
Mann gut	*Frau gut*
ein guter Mann	eine gute Frau

Diese Regeln dürfen ignoriert werden, da man auch bei Nichtbeachtung verstanden wird. Wichtig ist nur, dass man selber ein Wort auch dann noch versteht, wenn es leniert ist, wozu etwas Übung nötig ist. Alle diejenigen, die die kompletten Regeln kennenlernen möchten, finden im Anhang eine Liste mit weiterführenden Lehrbüchern.

In der Mehrzahl verändern sich Eigenschaftswörter nach verschiedenen Regeln. Hier nur die wichtigsten:

Unverändert bleiben Eigenschaftswörter, die auf Selbstlaut enden:

stoca uaine	**stocaí uaine**
stokė weˈnė	stokii weˈnė
grüne Socke	grüne Socken

Eigenschaftswörtern, die auf einem Mitlaut enden, wird ein **-a** -ė angehängt.

éadach daor	**éadaí daora**
eedėeh dᵘiir	eedii dᵘiirė
teures	teure
Kleidungsstück	Kleidungsstücke

Eigenschaftswörter

Enden Eigenschaftswörter auf einem „schlanken" Mitlaut, so wird ein **-e** -é angehängt.

duine ciúin	**daoine ciúine**
dᵘiné kʲuuʲin	ruhige Menschen
ein ruhiger Mensch	dᵘiné kʲuuʲiné

In der Mehrzahl tritt bei Eigenschaftswörtern nach männlichen Hauptwörtern, die auf einem „schlanken" Mitlaut enden, Lenition ein.

fear ciúin	**fir chiúine**
fär kʲuuʲin	fir chʲuuʲiné
ein ruhiger Mann	ruhige Männer

einfache Sätze mit „sein"

Eines der beiden Tätigkeitswörter (Verben) für „sein" lautet im Irischen **tá** tå, das immer am Satzanfang steht und nicht gebeugt wird.

Eigenschaftswörter können attributiv („die große Frau") und prädikativ („Die Frau ist groß.") verwendet werden. Wie im Deutschen verändert sich das prädikative Eigenschaftswort im Irischen nicht. Das Eigenschaftswort **mór** (groß) wird im zweiten Beispielsatz attributiv gebraucht und, da das Hauptwort, auf das es sich bezieht, weiblich ist, leniert:

Tá an bhean mór.
tå 'n vän moor
ist die Frau groß
Die Frau ist groß.

Eigenschaftswörter

Tá an bhean mhór sásta.
tå 'n vän woor såstė
ist die Frau groß zufrieden
Die große Frau ist zufrieden.

Acht wichtigen Eigenschaftswörtern wird die Partikel **go** vorangestellt, wenn sie prädikativ benutzt werden. Die Partikel hat keine eigene Wortbedeutung. In der Wort-für-Wort-Übersetzung wird sie mit „P" abgekürzt.

Einigen der Eigenschaftswörter in der Tabelle ist ein h vorangestellt, weil ansonsten zwei Selbstlaute aufeinanderstoßen würden, nämlich das -o von go mit dem Selbstlaut am Anfang des folgenden Eigenschaftswortes.

go deas	go dˈäs	nett, gut
go maith	go ma	gut
go breá	go bˈrå	wunderbar
go haoibhinn	go hiivėˈn	herrlich
go hiontach	go hiintėėh	wunderbar
go hálainn	go hålėˈn	schön
go holc	go holk	übel, schlecht
go dona	go donė	schlecht, unglückselig

Tá an fear go deas.
tå 'n fär go dˈäs
ist der Mann P nett
Der Mann ist nett.

aber:

Tá an fear deas sásta.
tå 'n fär dˈäs såstė
ist der Mann nett zufrieden
Der nette Mann ist zufrieden.

Eigenschaftswörter

Tá an bhean dheas sásta.
tå 'n vän jäs såstë
ist die Frau nett zufrieden
Die nette Frau ist zufrieden.

vorangestellte Eigenschaftswörter

Die Eigenschaftswörter **sean-** schän (alt) und **droch-** droch (schlecht) werden den Hauptwörtern vorangestellt und verschmelzen mit diesen zu einem Wort. Der Wortanfang wird dann, wenn möglich, leniert.

Tá seanchaisleán deas ann.
tå schänehaschllån diäs ån
ist alt-Burg nett dort
Dort gibt es eine nette, alte Burg.

Sean ist allerdings, im Gegensatz zu **droch-**, auch ein eigenständiges Eigenschaftswort, das prädikativ, also als Satzergänzung verwendet werden kann:

Tá an drochbhád seo sean.
tå 'n drochwåd scho schän.
ist das schlecht-Boot dieses alt
Dieses schlechte Boot ist alt.

Umstandswörter

Umstandswörter (Adverbien) beschreiben die Eigenschaft von Verben, etwa das Wort „schnell" in dem Satz „Er läuft schnell." (Frage: „Wie läuft er?"). Umstandswörter werden im Irischen gebildet, indem dem entsprechenden Eigenschaftswort die Partikel **go** vorangestellt wird. Beginnt das Eigenschaftswort mit einem Selbstlaut, so wird ein **h** an den Wortanfang gesetzt. Umstandswörter stehen immer am Satzende.

Siúlann sé go sciobtha.
schuulèn schee go schkip^uji
läuft er P schnell
Er läuft schnell.

Bhí siad ag canadh go hálainn.
vii schièd eg kanè go hålè^jn
waren sie bei Singen P schön
Sie sangen schön.

Steigern & vergleichen

steigern

Um ein Eigenschaftswort zu steigern, wird entweder **níos** niis (mehr) für den Komparativ (schöner) oder **is** is (meist) für den Superlativ (am schönsten) vorangestellt.

gránna	gråne	hässlich
níos gránna	niis gråne	hässlicher
is gránna	is gråne	am hässlichsten

Die meisten Eigenschaftswörter haben besondere Steigerungsformen, die, wenn sie regelmäßig sind, mit den Mehrzahlformen identisch sind.

ciúin	k'uu'n	ruhig
daoine ciúine	d^uiine k'uu'ne	ruhige Menschen
níos ciúine	niis k'uu'ne	ruhiger
is ciúine	is k'uu'ne	am ruhigsten

Einige Eigenschaftswörter haben unregelmäßige Steigerungsformen:

maith	gut	fearr	besser
ma		f'år	
dona	schlecht	measa	schlechter
done		mäse	

daichead a haon

Steigern & vergleichen

Weiterhin können Eigenschaftswörter auch durch **fíor-** fiir (wirklich), **an-** an (sehr) und **ró-** roo (übermäßig) gesteigert werden. Diese Steigerungspartikel verschmelzen mit dem Eigenschaftswort, das dann leniert wird, zu einem Wort. Zwischen **an** und dem folgenden Wort wird ausnahmsweise stets ein Bindestrich geschrieben:

maith	gut	**fíormhaith**	wirklich gut
ma		fiirwa	
sean	alt	**an-shean**	sehr alt
schän		an-hän	
daor	teuer	**ródhoor**	zu teuer
dᵘiir		rooehrᵘiir	

vergleichen

Vergleiche nach dem Muster „A ist so ... wie B" (Gleichheit) bildet man mit der Konstruktion **Tá „A" chomh ... le „B"..**

Tá Seán chomh deas le Máire.
tå schån choo diäs lé måiré
ist Seán so nett mit Máire
Seán ist so nett wie Máire.

Tá Béal Feirste chomh álainn le Baile Átha Cliath.
tå beel ferschté choo håléin lé bailé å klié
ist Belfast so schön mit Dublin
Belfast ist so schön wie Dublin.

Steigern & vergleichen

Vergleiche nach dem Muster „*A* ist ...-er als *B*" (Ungleichheit) werden mit der Konstruktion **Tá „A" níos ... ná „B".** gebildet:

Tá Gaillimh níos lú ná Baile Átha Cliath.
tå galiv niis luu nå ba¹lê å kliê
ist Galway mehr kleiner als Dublin
Galway ist kleiner als Dublin.

Tá fuisce níos measa ná beoir.
tå f¹ischkê niis mäsê nå b¹oo¹r
ist Whiskey mehr schlimmer als Bier
Whiskey ist schlimmer als Bier.

Für Sätze mit dem Superlativ, also nach dem Muster „*A* ist am ...-en", wird eine andere Form von „sein" benötigt, und zwar **is**. Zu unterscheiden ist, ob „*A*" ein männliches oder weibliches Hauptwort ist, da es zwei verschiedene Konstruktionen gibt (beachten Sie die unterschiedliche Aussprache)

„*A*" ist männlich:
Is é „A" is ... > **is é**   *(wird* schee *ausgesprochen)*

„*A*" ist weiblich:
Is í „A" is ... > **is í**   *(wird* schii *ausgesprochen)*

Is é Baile Átha Cliath an chathair is mó in Éirinn.
schee ba¹lê å kliê 'n ~~ch~~ahair is moo in eerin
ist es Dublin die Stadt meist größer in Irland
Dublin ist die größte Stadt in Irland.

daichead a trí

Steigern & vergleichen

Beachte: Statt é und í können auch die anderen persönlichen Fürwörter eingesetzt werden. Verstanden wird auch die nicht ganz korrekte Form „Is „A" is ...".

Is í Síle is sciobtha.
schii schiilė is schkipᵘji
ist sie Síle meist schneller
Síle ist am schnellsten.

Farben

bán	bån	weiß
dubh	duw, du	schwarz
dearg	dᵢärėg	rot
rua	ruė	rotbraun, rothaarig
gorm	gorėm	blau
uaine	weᶦnė	grün (hell)
glas	glas	grün, blau
buí	bᵘji	gelb
donn	don, daun	braun

Liste wichtiger Eigenschaftswörter

Eigenschafts-wort:	gesteigerte Form:	
maith ma, maj	**fearr** fiår	gut
dona donė	**measa** mäsė	schlecht
mór moor	**mó** moo	groß
beag bᶦog	**lú** luu	klein
sean schän	**sine** schine	alt
óg oog	**óige** ooᶦgė	jung
nua nuė	–	neu
te tė	**teo** tᶦoo	warm; heiß
fuar fuėr	**fuaire** fuᶦrė	kalt
álainn ålėⁱn	**áille** ållė	schön

Steigern & vergleichen

gránna gráné	–	hässlich
milis milisch	**milse** milsché	süß
searbh schäru	**seirbhe** schärévé	sauer; bitter
tinn tiin	**tinne** tiiné	krank
sláintiúil slånt'uu'l	**sláintiúile** slånt'uu'lé	gesund
sásta såsté	–	zufrieden
míshásta miihåsté	–	unzufrieden
daor d'ir	**daoire** d'iiré	teuer
saor s'ir	**saoire** s'iiré	billig; frei
saibhir sevir	**saibhre** sevré	reich
bocht bocht	**boichte** bochté	arm
láidir låd'ir	**láidre** lå'dré	stark
lag lag	**laige** la'gé	schwach
éasca eeské	–	leicht
deacair d'äkir	**deacra** d'äkré	schwer
lán lån	**láine** lå'né	voll
folamh foléw	**foilmhe** folévé	leer
glan glan	**glaine** gla'né	sauber
salach saléch	**salaí** salii	schmutzig
mall mål	**maille** må'lé	langsam
sciobtha schkip'ii	–	schnell

Dialektvariante: „schnell" heißt in Munster tapa *„tape", in Ulster* gasta *„gaste".*

Persönliche Fürwörter

Persönliche Fürwörter

Eine Unterscheidung zwischen „du" und „Sie" gibt es im Irischen nicht.

Objekt = Satzergänzung

Das Irische hat neben den „normalen" persönlichen Fürwörtern (Personalpronomen) jeweils auch betonte Formen. Die Objektformen stehen zusammen mit dem Verb **is** (sein). Außerdem werden sie, wie der Name nahelegt, als Objekt verwendet (Frage: „wen?"):

Feiceann sé é.
fekén schee ee
sieht er er
Er sieht ihn.

(schee *und* ee *verschmelzen zu langem* schee)

In der rechten Spalte stehen teilweise spezielle Objektformen, die schon im Kapitel „Vergleichen" vorkamen.

	normale Form		„Objektform"	
ich	**mé**	mee	–	
du	**tú**	tuu	**thú**	huu
er, es	**sé**	schee	**é**	ee
sie *(Ez)*	**sí**	schii	**í**	ii
wir	**muid**	mᵘid		
ihr	**sibh**	schiv	–	
sie *(Mz)*	**siad**	schièd	**iad**	ièd

	betonte Form		„Objektform"	
ich	**mise**	mischè	–	
du	**tusa**	tusè	**thusa**	husè
er, es	**seisean**	scheschèn	**eisean**	eschèn
sie *(Ez)*	**sise**	schischè	**ise**	ischè
wir	**muide**	mᵘidè		
ihr	**sibhse**	schivschè	–	
sie *(Mz)*	**siadsan**	schièdsèn	**iadsan**	ièdsèn

daichead a sé

Besitzanzeigende Fürwörter

Besitzanzeigende Fürwörter

Die besitzanzeigenden Fürwörter (Possessivpronomen, „mein, dein ...") stehen vor dem Hauptwort, auf das sie sich beziehen. Hierbei muss folgendes beachtet werden:

Beginnt das Hauptwort mit einem Mitlaut, muss es leniert oder eklipsiert werden (in der Tabelle „*L!*" bzw. „*E!*").

Beginnt das Hauptwort mit einem Selbstlaut, so verschmilzt in der 1. und 2. Person *Ez* das Fürwort mit dem folgenden Hauptwort; es wird dann abgekürzt und mit Apostroph abgetrennt. Die 3. Person männlich bleibt unverändert, der 3. Person weiblich wird ein **h** vorangestellt.

In der Mehrzahl wird dem mit einem Selbstlaut beginnenden Hauptwort ein n *vorangestellt, das mit einem Bindestrich vom Wort getrennt wird.*

	Wort beginnt mit Mitlaut		Wort beginnt mit Selbstlaut	
mein	**mo** *(L!)*	mo	**m'...**	m...
dein	**do** *(L!)*	do	**d'...**	d...
sein	**a** *(L!)*	è	**a ...**	è...
ihr	**a**	è	**a h...**	è h...
unser	**ár** *(E!)*	år	**ár n-...**	år n-...
euer	**bhur** *(E!)*	wur	**bhur n-...**	wur n-...
ihr	**a** *(E!)*	è	**a n-...**	è n-...

Ob das Hauptwort in der Ein- oder Mehrzahl steht, ist unerheblich.

do charr	do ~~chår~~	**d'uncail**	dunkè'l
a charr	è ~~chår~~	**a uncail**	è unkè'l
a carr	è kår	**a huncail**	è hunkè'l
ár gcarr	år går	**ár n-uncail**	år nunkè'l

dein Auto / dein Onkel
sein Auto / sein Onkel
ihr Auto / ihr Onkel
unser Auto / unser Onkel

daichead a seacht

Tätigkeitswörter

Tätigkeitswörter

Bevor Sie sich auf die Verben stürzen, möchte ich nicht verheimlichen, dass es eine Abkürzung gibt, durch die man sich viele der folgenden Regeln ersparen kann: die Verlaufsform, mit der die „normalen" Verben gänzlich umgangen werden können. Eilige können daher zum Kapitel „Das Verb `sein´" springen.

Die irischen Verben lassen sich in zwei Kategorien unterteilen:

Kategorie 1 (*K1*) umfasst einsilbige Verben, wie z.B. **ól** (trinken).

Kategorie 2 (*K1*) umfasst mehrsilbige Verben, wie z.B. **ceannaigh** k|änė (kaufen). Die meisten Verben der Kategorie 2 enden auf **-igh** -ė bzw. auf **-aigh** -ė. Diese Endsilbe entfällt bei der Beugung und wird durch die Personalendung ersetzt.

Es gibt im Irischen lediglich neun unregelmäßige Verben, die vollständig in der Liste der unregelmäßigen Verben zu finden sind.

Gegenwart

Um ein Verb in der Gegenwart zu beugen, wird an den Verbstamm eine Gegenwartsendung angehängt und das persönliche Fürwort nachgestellt. Eine Ausnahme bildet die 1. Person *Ez* („ich"), in der die Person bereits in der Endung integriert ist.

Der Verbstamm von Verben der Kategorie 1 ist mit der Grundform identisch. Bei den meisten Verben der Kategorie 2 streicht man für den Verbstamm die Endung **-igh** -ė bzw. **-aigh** -ė ab. Diese Gegenwartsform drückt aus, dass eine Handlung häufig oder regelmäßig stattfindet.

Tätigkeitswörter

Hier die Personalendungen für die Gegenwart:

	K1		K2	
1. Person *Ez* („ich")	**-im**	-im	**-ím**	-iim
alle anderen	**-eann ...**	-én	**-íonn ...**	-iién

Beachte:
„..." bedeutet, dass an dieser Stelle das betreffende persönliche Fürwort eingesetzt wird.

Im Folgenden wird das Beugungsmuster anhand von Beispielen angewandt. Um die Personalendung übersichtlich hervorzuheben, wird sie durch einen Bindestrich vom Verbstamm abgetrennt. Ein nachgestelltes Wort ist das jeweilige persönliche Fürwort.

K1:	**tuig**	tᵘig	*verstehen*

ich	**tuig-im**	tᵘig-im
du	**tuig-eann tú**	tᵘig-én tuu
er	**tuig-eann sé**	tᵘig-én schee
sie	**tuig-eann sí**	tᵘig-én schii
wir	**tuig-eann muid**	tᵘig-én mᵘid
ihr	**tuig-eann sibh**	tᵘig-én schiv
sie	**tuig-eann sian**	tᵘig-én schi éd

K2:	**im-igh**	im-é	*weggehen*

ich	**im-ím**	im-iim
du	**im-íonn tú**	im-iién tuu
er	**im-íonn sé**	im-iién schee
sie	**im-íonn sí**	im-iién schii
wir	**im-íonn muid**	im-iién mᵘid
ihr	**im-íonn sibh**	im-iién schiv
sie	**im-íonn siad**	im-iién schiéd

Tätigkeitswörter

Beim Schreiben von Verben muss die Vokalübereinstimmung beachtet werden: Endet der Verbstamm auf einem „breiten" Mitlaut (weil der vorangehende Selbstlaut dunkel ist wie in **ól**) oder folgt dem Stamm die Endung **-aigh** (statt **-igh**), so verändern sich die geschriebenen Endungen wie folgt:

K1:	**-im**	>	**-aim**	-im
	-eann	>	**-ann**	-én
K2:	**-ím**	>	**-aím**	-iim
	-íonn	>	**-aíonn**	-iién

Vergangenheit

In der Vergangenheit werden Verben, wenn möglich, leniert. Für alle Verben gilt außerdem: Beginnt ein Verb mit einem Selbstlaut oder mit **f** (was zu **fh** leniert und somit nicht gesprochen wird), wird ein **d'** vorangestellt. Der so lenierten Grundform stellt man lediglich das betreffende persönliches Fürwort nach.

Verb beginnt mit Mitlaut:	**ceannaigh**	**cheannaigh mé**
		ch'äné mee
	kaufen	ich kaufte
Verb beginnt mit Selbstlaut:	**ól**	**d'ól mé**
		dool mee
	trinken	ich trank
Verb beginnt mit **f**:	**fan**	**d'fhan mé**
		dan mee
	warten	ich wartete

Tätigkeitswörter

Hier die Beugung in der Vergangenheit:

K1:	**tuig**	t"ig	*verstehen*
ich	**thuig mé**	hig mee	
du	**thuig tú**	hig tuu	
er	**thuig sé**	hig schee	
sie	**thuig sí**	hig schii	
wir	**thuig muid**	hig m"id	
ihr	**thuig sibh**	hig schiv	
sie	**thuig siad**	hig schiėd	

K2:	**im-igh**	im-ė	*weggehen*
ich	**d'imigh mé**	dimė mee	
du	**d'imigh tú**	dimė tuu	
er	**d'imigh sé**	dimė schee	
sie	**d'imigh sí**	dimė schii	
wir	**d'imigh muid**	dimė m"id	
ihr	**d'imigh sibh**	dimė schiv	
sie	**d'imigh siad**	dimė schiėd	

Im Kapitel „Verlaufsform" erfährt man, wie Tätigkeiten ausdrückt werden, die zum Zeitpunkt des Sprechens stattfinden.

Zukunft

Auch für die Zukunft gilt, dass an den Verbstamm die in der folgenden Tabelle beschriebenen Endungen angehängt werden und das persönliche Fürwort nachgestellt wird. Die folgende Tabelle zeigt die Beugung in der Zukunft anhand von Beispielen. Aus Gründen der Übersichtlichkeit sind die Endungen durch Bindestriche abgetrennt. Ein nachgestelltes Wort ist das betreffende persönliche Fürwort.

Tätigkeitswörter

verstehen	K1:	**tuig**	tᵘig
ich		**tuig-fidh mé**	tᵘig-hé mee
du		**tuig-fidh tú**	tᵘig-hé tuu
er		**tuig-fidh sé**	tᵘig-hé schee
sie		**tuig-fidh sí**	tᵘig-hé schii
wir		**tuig-fidh muid**	tᵘig-hé mᵘid
ihr		**tuig-fidh sibh**	tᵘig-hé schiv
sie		**tuig-fidh siad**	tᵘig-hé schiëd

weggehen	K2:	**im-igh**	im-é
ich		**im-eoidh mé**	im-ooj mee
du		**im-eoidh tú**	im-ooj tuu
er		**im-eoidh sé**	im-ooj schee
sie		**im-eoidh sí**	im-ooj schii
wir		**im-eoidh muid**	im-ooj mᵘid
ihr		**im-eoidh sibh**	im-ooj schiv
sie		**im-eoidh siad**	im-ooj schiëd

Wie bei der Beugung in der Gegenwart wirkt sich in der Zukunft das Gesetz der Vokalübereinstimmung nur auf die Schreibweise aus, nicht auf die Aussprache:

| Kategorie 1: | -fidh | > | -faidh | „-hé" |
| Kategorie 2: | -eoidh | > | -óidh | „-ooj" |

Das Verb „sein" – tá

Im Irischen gibt es zwei Verben, die dem deutschen Verb „sein" entsprechen. Eines davon ist **tá**. **Tá** tå (ist), **bíonn** biiën (ist häufig/regelmäßig),

Tätigkeitswörter

vii (war) und **beidh** bej (sein werden) verwendet man, wenn ein Eigenschaftswort Satzergänzung (Objekt) ist und auch mit Ortsangaben. Wie bei allen anderen Verben auch wird das persönliche Fürwort nachgestellt. Ausnahme: Die 1. Person Einzahl (ich) von **bíonn** verschmilzt mit **mé** zu **bím**.

	Gegenwart	Vergangenheit	Zukunft
ich	**tá mé** tå mee	**bhí mé** vii mee	**beidh mé** bej mee
du	**tá tú** tå tuu	**bhí tú** vii tuu	**beidh tú** bej tuu
er	**tá sé** tå schee	**bhí sé** vii schee	**beidh sé** bej schee
sie	**tá sí** tå schii	**bhí sí** vii schii	**beidh schii** bej schii
wir	**tá muid** tå m‎ᵘid	**bhí muid** vii m‎ᵘid	**beidh muid** bej m‎ᵘid
ihr	**tá sibh** tå schiv	**bhí sibh** vii schiv	**beidh schib** bej schiv
sie	**tá siad** tå schiëd	**bhí siad** vii schiëd	**beidh siad** bej schiëd

	Gegenwart („regelmäßig, häufig")	
ich	**bím**	biim
du	**bíonn tú**	biiën tu
er	**bíonn sé**	biiën schee
sie	**bíonn sí**	biiën schii
wir	**bíonn muid**	biiën m‎ᵘid
ihr	**bíonn sibh**	biiën schiv
sie	**bíonn siad**	biiën schiëd

Tätigkeitswörter

Im Gegensatz zur „normalen" Gegenwart werden mit der zweiten Gegenwartsform Handlungen beschrieben, die häufig oder regelmäßig stattfinden. Vergleiche:

Bíonn sé i nGaillimh.
biiën schee i ngaliv
ist-häufig er in Galway
Er ist häufig in Galway.

aber:

Tá sé i nGaillimh.
tå schee i ngaliv
ist er in Galway
Er ist (jetzt im Moment) in Galway.
(bzw. regelmäßig/manchmal)

Tá Tomás glic go maith.
tå tomås glik go ma
ist Tomás schlau P gut
Tomás ist ganz schön schlau.

Beidh an lá go hálainn.
bej 'n lå go hålëin
sein-wird der Tag P schön
Der Tag wird schön werden.

Bhí sé go deas.
vii schee go dläs
war es P nett
Es war nett.

Tätigkeitswörter

Bíonn an fharraige níos cíuine sa samhraidh.
biiën ën arégë niis kiuu'në sa saurë
ist-häufig das Meer mehr ruhiger im Sommer
Im Sommer ist das Meer ruhiger.

Verlaufsform mit „sein"

Die Verlaufsform gibt es im Deutschen nur in der Umgangssprache, z.B. in der Formulierung „Sie ist am Essen.", um auszudrücken, dass eine Handlung zu einem bestimmten Zeitpunkt gerade abläuft. Im Irischen wird die Verlaufsform mit **tá** tå (sein) und dem Verhältniswort **ag** eg (bei) gebildet. Von dem Verb, das die Handlung beschreibt, wird das jeweilige Tätigkeitshauptwort verwendet.

Tá sí ag ithe.
tå schii'g ihë
ist sie bei Essen
Sie isst gerade.

Bhí an Gearmánach ag foghlaim Gaeilge.
vii 'n gärëmånëch eg foolëim g^(u)eelgë
war der Deutsche bei Lernen Irisch[2]
Der Deutsche lernte Irisch.

Beidh siad ag fanacht i mBéal Feirste.
bej schiëd eg fanëcht i meel ferschtë
sein-werden sie bei Bleiben in Belfast
Sie werden (für einige Zeit) in Belfast bleiben.

Tätigkeitshauptwort

Die sogenannten Tätigkeitshauptwörter sind eine Wortklasse, die im Deutschen etwa den aus Verben entstandenen Hauptwörtern entsprechen, z.B. „das Laufen", „das Schwimmen". Sie werden in bestimmten Satzkonstruktionen verwendet.
Das Tätigkeitshauptwort wird nach keinen durchschaubaren Regeln gebildet. Deshalb wird es in den Wörterlisten mit „TH" gekennzeichnet. In der Wort-für-Wort-Übersetzung wird es wie ein Verb übersetzt, aber groß geschrieben.

Durch die Verlaufsformkonstruktion
bíonn + Person + TH
kann auch in der Gegenwart gänzlich auf die Verben verzichtet werden.

Tätigkeitswörter

abhängige Formen

Von **tá** (sein) und **bhí** (war) gibt es sogenannte „abhängige" Formen, die nach verschiedenen Wörtern statt **tá** und **bhí** verwendet werden:

tá tå	wird zu:	**bhfuil** wil
bhí vii	wird zu:	**raibh** ro (rev *im Munster-Dialekt*)

Die abhängigen Formen stehen nach folgenden Wörtern:

an	ėn	FP
ní	nii	nicht
(**ní** *verschmilzt mit* **bhfuil** *zu* **níl**!)		
go	go	dass
nach	na~~ch~~	dass nicht
a	ė	P

is („sein")

Das Verb **is** (sein) ist bereits aus dem Kapitel „steigern" bekannt. Im Gegensatz zu **tá** tå (sein) werden mit **is** is (sein) zwei Hauptwörter oder ein persönliches Fürwort und ein Hauptwort einander zugeordnet. Nach **is** werden die Objektformen der persönlichen Fürwörter verwendet.

In Sätzen mit **is** wird zwischen „Identifikation" und „Klassifikation" unterschieden:

Tätigkeitswörter

Identifikation bedeutet, dass der Satzgegenstand (Subjekt) mit der Satzergänzung (Objekt) identisch ist, etwa:

„A" ist „B".   Maria ist die Irin.

Nach dem Satzgegenstand wird mit „wer?" oder „was?" gefragt.

Klassifikation bedeutet, dass der Satzgegenstand zu der Gruppe gehört, die in der Satzergänzung beschrieben wird, etwa:

„A" ist ein „B".   Maria ist eine Irin.

Dem Satzgegenstand eines **is**-Satzes muss das entsprechende persönliche Fürwort vorangestellt werden, z.B. „er der Ire", „sie Maria" usw.

Is	„A"	„B".
Is í	**Máire**	**an t-Éireannach.**
schii	må're	é' teerènèch
ist-sie	*Maria*	*die-Irin*
Maria	ist	die Irin.

Beachte: Trifft is *mit* é, í *bzw.* iad *zusammen, so lautet die Aussprache „schee" (is é), „schii" (is í) bzw. „schied" (is iad).*

Is	„B"	„A"
Is	**Éireannach**	**í Máire.**
is	eerènèch	ii må'rè
ist	*Irin- sie*	*Maria*
Maria	ist	(eine) Irin.

Is dochtúir é an fear.
is dochtuu'r ee 'n fär
ist Doktor er der Mann
Der Mann ist ein Arzt.

Is dochtúir é.
is dochtuu'r ee
ist Doktor er
Er ist ein Arzt.

caoga a seacht

Tätigkeitswörter

Sich selbst bezeichnet man in is-Sätzen meist mit der betonten Form mise statt mé.

Is é an fear an dochtúir.
schee 'n fär e' dochtuu'r
ist er der Mann der Doktor
Der Mann ist der Arzt.

Is mise Máirtín.
is mischè må'rtiin
bin ich Máirtín
Ich bin Máirtín.

Das Verb „haben"

„Haben" wird im Irischen nicht durch ein eigenes Verb, sondern durch eine Form des Verbs „sein" mit einem Verhältniswort ausgedrückt. Dabei werden drei Aspekte von „haben" unterschieden:

„haben": Gegenstand, Sprache, Eigenschaft
„haben": physische und psychische Zustände
„haben": besitzen

„haben": Gegenstand, Sprache, Eigenschaft wird mit folgender Satzkonstruktion gebildet:

Beachte: Nach ag (bei) wird das Hauptwort, das die Person bezeichnet, eklipsiert, wenn es mit dem Artikel an steht. Außerdem können die persönlichen Fürwörter nicht nach ag stehen, statt dessen gibt es besondere (zusammengezogene) Formen.

Tá ... (=Hauptwort) ag ... (=Person).
(ist ... bei ...)

Tá carr ag an mbean.
tå kår eg e' män
ist Auto bei die Frau
Die Frau hat ein Auto.

Tá Gaeilge ag Seán.
tå gʷeelgè eg schån
ist Irisch bei Seán
Seán spricht Irisch.

Tá ceol ag an gcailín.
tå kʲool eg e' galiin
ist Musik bei das Mädchen
Das Mädchen hat Musik.
(gemeint ist: Das Mädchen ist musikalisch.)

Tätigkeitswörter

Tá súil ag an mbean.
tå suu'l eg é' män
ist Auge bei die Frau
Die Frau hofft.

Tá a fhios ag na daoine.
tå's eg né d⁽ᵘ⁾iiné
ist sein Wissen bei die Leute
Die Leute wissen es.

„haben": physische und psychische Zustände wird mit folgender Satzkonstruktion gebildet:

Tá ... (=Hauptwort) ar ... (=Person).
(ist ... auf ...)

Tá ocras ar an nGearmánach.
tå okrės er é' ngärémånéch
ist Hunger auf der Deutsche
Der Deutsche hat Hunger.

Tá ocras ar Thomás.
tå okrės er homås
ist Hunger auf Tomás
Tomás hat Hunger.

Tá deifir ar na fir.
tå d⁽ʲ⁾efir er né fir
ist Eile auf die Männer
Die Männer haben Eile.

Tá brón ar Bhairbre
tå broon er wa'rébré
ist Kummer auf Bairbre
Es tut Bairbre Leid.

Beachte:
Nach ar *(auf) wird das Hauptwort, das die Person bezeichnet, eklipsiert, wenn es mit dem Artikel* an *steht. Steht es jedoch ohne Artikel, wird es leniert.*
Ar bildet wie alle Verhältniswörter mit den persönlichen Fürwörtern spezielle zusammengezogene Formen.

In diese Konstruktion kann statt „Hunger" u. a. eingesetzt werden:

faitíos	fatiiės	Angst
tart	tart	Durst
slaghdán	slaidån	Erkältung
áthas	åhės	Freude

Tätigkeitswörter

fonn	fuun	Lust
iontas	iintés	Staunen
moill	mai̇l	Verspätung
fearg	färég	Wut

„haben": besitzen wird mit folgender Satzkonstruktion gebildet:

Is le ... (=Person) **...** (=Hauptwort).
(ist mit ... ...)

Beachte: **Is le Cáit an carr.**
Nach le *(mit) können* is lé kåi̇t é' kår
auch der Artikel oder *ist mit Cáit das Auto*
persönliche Fürwörter Cáit gehört das Auto.
stehen, wozu man
allerdings spezielle **Is le Gearmánach an teach.**
Regeln benötigt. is lé gärémånéch é' tiäch
ist mit Deutscher das Haus
Das Haus gehört einem Deutschen.

besondere Verbkonstruktionen

Durch die Konstruktion **is** is (sein) + Eigenschaftswort + **le** lé (mit) können einige Tätigkeiten ausgedrückt werden, für die es keine eigenständigen Verben gibt.

mögen	**is maith le**	is ma lé	*ist gut mit*
lieben	**is breá le**	is briå lé	*ist wunderbar mit*
hassen	**is fuath le**	is fué lé	*ist Hass mit*
bevorzugen	**is fearr le**	is fi̊år lé	*ist besser mit*
gleichgültig sein	**is cuma le**	is kumé lé	*ist egal mit*

Tätigkeitswörter

Nach **le** (mit) folgt jeweils zunächst der Satzgegenstand (Subjekt) und dann die Satzergänzung (Objekt).

Is maith le Pádraig tae.
is ma lë pådrig tee
ist gut mit Pádraig Tee
Pádraig mag Tee.

Is maith le Tadhg siúl.
is ma lë tai schuul
ist gut mit Tadhg Laufen
Tadhg läuft gerne.

Is breá le Síle Baile Átha Cliath.
is brå lë schiilë ba'lë å klië
ist hübsch mit Síle Dublin
Síle liebt Dublin.

Is fuath le hEilís caife.
is fuë lë hailiisch kafë
ist verhasst mit Eilís Kaffee
Eilís hasst Kaffee.

Is fearr le Seamas fanacht.
is fårr lë schemés fanëcht
ist besser mit Seamas Bleiben
Seamas möchte lieber bleiben.

Is cuma le Sorcha an drochaimsir.
is kumë lë sorëchë 'n drochä'mschir
ist egal mit Sorcha des schlecht-Wetter
Sorcha ist das schlechte Wetter egal.

Tätigkeitswörter

Modalkonstruktion

Wenn das Tätigkeitshauptwort („TH") mit einer Satzergänzung steht („Irisch lernen"), so wird es der Satzergänzung und der lenierenden Partikel a „ė" („zu") nachgestellt.

Modalverben („können, wollen, dürfen, sollen, müssen") gibt es im Irischen nicht. Statt dessen gibt es bestimmte Satzkonstruktionen mit den Verben **tá** (sein), **is** (sein) und Verhältniswörtern. Im Deutschen werden die Modalverben mit den Infinitiven kombiniert. Im Irischen benötigt man dagegen wieder das sogenannte „Tätigkeitshauptwort".

dürfen:	**Tá cead ag ...** (=Person) **...** (=TH).
	ist Erlaubnis bei ... ...

Tá cead ag na daoine campáil ansin ag an abhainn.
tå cäd eg nė dⁱiiné kampåⁱl ėnsch_in eg ėn auⁱn
ist Erlaubnis bei die Leute Zelten dort bei der Fluss
Die Leute dürfen dort am Fluss zelten.

müssen:	**Tá ar ...** (=Person) **...** (=TH).
	ist auf ... ...
	Caithfidh ... (=Person) **...** (=TH).
	verbraucht-wird ... ...

Tá ar an bhfear deifir a dhéanamh.

Das deutsche Modalverb „müssen" kann man im Irischen auch mit der Zukunftsform des Verbs caith „ka" („verbrauchen, verbringen, werfen") ausgedrückt.

tå er ė' vär dⁱefir ė jeenė
ist auf dem Mann Eile zu Machen
Der Mann muss sich beeilen.

Caithfidh an fear deifir a dhéanamh.
kahė 'n fär dⁱefir ė jeenė
verbrauchen-wird der Mann Eile zu Machen
Der Mann muss sich beeilen.

Tätigkeitswörter

können: **Is féidir le ...** (=Person) ... (=TH).
ist möglich mit ... ...

Is féidir le Pádraig Gearmáinis a thuiscint.
is feedir lë pådrig gärëmå'nisch ë hischkint
ist möglich mit Pádraig Deutsch zu Verstehen
Pádraig kann Deutsch verstehen.

**wollen,
möchten:** **Ba mhaith le ...** (=Person) ... (=TH).
wäre gut mit ... ...

Ba mhaith le Tomás siúl.
ba wa lë tomås schuul
wäre gut mit Tomás Laufen
Tomás möchte laufen.

Ba mhaith le Tomás cupán tae a ól.
ba wa lë tomås kupån tee' ool
wäre gut mit Tomás Tasse Tee² zu Trinken
Tomás möchte eine Tasse Tee trinken.

---

sollen: **Is ceart do ...** (=Person) ... (=TH).
ist richtig zu ... ...

*Beachte:
do leniert das
nachfolgende Wort !*

Is ceart do Mhícheál níos mó Gaeilge a fhoghlaim.
is k'ärt do viihål niis moo gᵘeelgë' oolëⁱm
ist richtig zu Mícheál mehr größer Irisch zu Lernen
Mícheál soll mehr Irisch lernen.

seasca a trí

Die Befehlsform

Die Befehlsform

Für die verneinte Befehlsform („Trink(t) nicht!") wird ná „nå" (nicht) vorangestellt. Verben, die mit einem Selbstlaut beginnen, wird bei der Verneinung darüber hinaus ein h vorangestellt.

Die Befehlsform (Imperativ) Einzahl („Trink!") ist mit der Grundform des Verbs identisch. Für die Befehlsform Mehrzahl („Trinkt!") wird an den Verbstamm die Endung **-igí** -igii bzw. **-aigí** -igii angehängt.

ith	i	essen
ith!	i	iss!
ná hith!	nå hi	iss nicht!
ithigí!	ihigii	esst!
ná hithigí	nå hihigii	esst nicht!

ceannaigh	kʲänė	kaufen
ceannaigh!	kʲänė	kauf!
ná ceannaigh!	nå kʲänė	kauf nicht!
ceannaigí!	kʲänigii	kauft!
ná ceannaigí!	nå kʲänigii	kauft nicht!

Zur Erinnerung: Der Verbstamm einsilbiger Verben ist mit der Grundform identisch.

Den Verbstamm mehrsilbiger Verben erhält man, indem man die Grundform-Endung -igh bzw. -aigh abstreicht.

Die Befehlsform von **tá** (sein) lautet:

| **bí** | bii | sei! | **ná bí** | nå bii | sei nicht! |
| **bígí** | biigii | seid! | **ná bígí!** | nå biigii | seid nicht! |

Ná bí ag magadh!
nå bii 'g magė
nicht sei bei Veräppeln
Mach dich nicht lustig!

Bindewörter

Bindewörter

Einige Bindewörter (Konjunktionen) werden wie im Deutschen verwendet. Die meisten ziehen jedoch besondere Konstruktionen nach sich.

ach	ach	aber, sondern
nó	noo	oder
agus/is	agés/is	und
go	go	dass
nach	nach	dass nicht
ach amháin	ach éwáin	außer
ach amháin go	ach éwáin go	außer dass
ach amháin nach	ach éwáin nach	außer dass nicht
cé go	kee go	obwohl
cé nach	kee nach	obwohl nicht
de bhrí go	dé vrii go	weil
de bhrí nach	dé vrii nach	weil nicht
chomh luath agus a	choo lueé agés é	sobald
nuair a	nueír é	als, während

Stehen die Verben is *(sein),* tá *(sein) und* bhí *(war) nach* go *(dass) oder nach* nach *(dass nicht), werden sie durch ihre abhängigen Formen ersetzt. Alle anderen Verben, die nach* go *oder nach* nach *stehen, werden eklipsiert.*

	go / nach + tá	tá
wird zu:	go / nach bhfuil	go / nach wil
	go / nach + bhí	vii
wird zu:	go / nach raibh	go / nach ro
	go / nach + is	is
wird zu:	gur / nár	gur / nár

Dialektvariante: raibh *wird in Munster nicht "ro", sondern "rev" ausgesprochen.*

Verhältniswörter

Nach **a** „é" tritt Lenition ein. **Tá** erhält eine Sonderform:

a + **tá** tå	wird zu:	**atá** ét<u>å</u>

Tá a fhios ag Pól gur Gearmánach é an fear.
tå's eg pool gur gärëmånëch ee 'n fär.
ist sein Wissen bei Pól dass-ist Deutscher er der Mann
Pól weiß, dass der Mann Deutscher ist.

Chuala mé an scéal nuair a bhí mé in Éirinn.
chuëlë mee 'n schkeel nuëⁱr ë vii mee in eerin
hörte ich die Geschichte während P war ich in Irland
Ich hörte die Neuigkeiten, als ich in Irland war.

Tá mé cinnte go mbeidh sibh sásta leis an lóistín.
tå mee kintë go mej schiv såstë lesch ë' looschtiin
bin ich sicher dass sein-werdet ihr zufrieden mit der Unterkunft
Ich bin sicher, dass ihr mit der Unterkunft zufrieden sein werdet.

Verhältniswörter

Oftmals wird das nach einem Verhältniswort (Präposition) folgende Wort leniert oder eklipsiert (in der Tabelle mit „*L!*" bzw. „*E!*" kenntlich gemacht). Zudem verschmelzen die Verhältniswörter teilweise mit dem Artikel.

Verhältniswörter

es folgt:	HW o. Art.	HW m. Ez-Art. **an**	HW m. Mz-Art. **na**
auf	**ar** er *(L!)*	**ar an** *(E!)*	**ar na**
aus	**as** as	**as an** *(E!)*	**as na**
bei	**ag** eg	**ag an** *(E!)*	**ag na**
in	**i / in** *(E!)* (**in** vor Selbstlaut)	**sa** *(E!)*	**sna**
mit	**le** lé **(h-...)**	**leis an** lesch én *(E!)*	**leis na***(E!)*
nach	**go** go **(h-...)**	**go dtí an** „go dii én"	**go dtí na**
über	**thar** har *(L!)*	**thar an** *(E!)*	**thar na**
unter	**faoi** fᵘii *(L!)*	**faoin** *(E!)*	**faoi na**
von	**ó** oo **(h-..., L!)**	**ón** *(E!)*	**ó na**
von	**de** dë *(L!)*	**den** *(L!)*	**de na**
zu	**do** do *(L!)*	**don** *(L!)*	**do na**
zwischen	**idir** idër"	**idir an**	**idir na**

Manchmal wird einem mit Selbstlaut beginnenden Wort ein h vorangestellt, wie in go hÉirinn „go heerin" (nach Irland), was in der Tabelle mit „h-..." kenntlich gemacht wird.

Dialektvariante: Im Dialekt von Ulster tritt nach ag an, ar an, as an, faoin, sa und ón meist Lenition ein. Die Standardgrammatik gibt diese Variante als Alternative zu obiger Regel an.

Tá an t-arán ar an mbord.
tå 'n tarån er é' maurd
ist das Brot auf der Tisch
Das Brot ist auf dem Tisch.

Tá mé anseo le mo charr.
tå mee énscho lë mo ch̶a̶r châr
bin ich hier mit mein Auto
Ich bin mit meinem Auto hier.

ag	eg	bei	
agam	agëm	*bei-ich*	bei mir
agat	agët	*bei-du*	bei dir
aige	ägë	*bei-er/es*	bei ihm
aici	äki	*bei-sie*	bei ihr

Dialektvariante: Der aus Spiddel (Connacht) stammende Sprecher spricht aici „äkë" und agaibh „agii" aus.

Verhältniswörter

Beachte: Verhältniswörter werden im Irischen gebeugt, d.h. sie verschmelzen mit den persönlichen Fürwörtern. In diesem Sprechführer werden allerdings nur die wichtigsten Verbindungen aufgeführt. Für Neugierige und Hochmotivierte sind in der Literaturliste einige Bücher zum Weiterlernen aufgeführt.

againn	agé n	*bei-wir*	bei uns
agaibh	agiv	*bei-ihr*	bei euch
acu	aku	*bei-sie*	bei ihnen

Zusammen mit dem Verb **tá** (sein) bekommt die folgende Formulierung die Bedeutung von „haben, besitzen".

Tá Béarla agam.
tå beerlĕ agĕm
ist Englisch bei-ich
Ich spreche Englisch.
(eigentlich: „Ich habe Englisch".)

Dialektvariante: Unser Sprecher spricht uirthi „orhe" und oraibh „orii" aus.

ar	er	auf	
orm	orĕm	*auf-ich*	auf mir
ort	ort	*auf-du*	auf dir
air	er	*auf-er/es*	auf ihm
uirthi	erhi	*auf-sie*	auf ihr
orainn	orĕ n	*auf-wir*	auf uns
oraibh	oriv	*auf-ihr*	auf euch
orthu	orhu	*auf-sie*	auf ihnen

Beidh tart ort.
bej tart ort
ein-wird Durst auf-du
Du wirst Durst haben.

Tá ar Mháirín Gaeilge a fhoghlaim.
tå er wåriin g^{u}eelgĕ' oolĕ m
sist auf Máirín Irisch P Lernen
Máirín muss Irisch lernen.

Verhältniswörter

do	do		zu
dom	dom	zu-ich	zu mir
duit	du-it	zu-du	zu dir
dó	doo	zu-er/es	zu ihm
di	di	zu-sie	zu ihr
duinn	du-in	zu-wir	zu uns
daoibh	du-iiv	zu-ihr	zu euch
dóibh	doo-v	zu-sie	zu ihnen

*Dialektvariante:
In Connemara lauten die gebeugten Formen* dhom „~~ehrom~~", dhuit „~~ehrit~~" *usw. In Donegal wird die 1. Person* dom „duu" *ausgesprochen.*

Do steht oftmals nach einem Verb, dem im Deutschen der Wemfall (Dativ) und im Englischen das Verhältniswort **to** folgen würde:

Tabhair dom an t-airgead.
too-r dom ë' tärëgëd
gib zu-ich das Geld
Gib mir das Geld.

Beidh sé ag taispeáint an rothair duit.
bej schee'g taschpå-nt ë' rohë-r du-it
sein-wird er bei Zeigen das Fahrrad zu-du
Er wird dir das Fahrrad zeigen.

le	lé		mit
liom	l-om	mit-ich	mit mir
leat	l-ät	mit-du	mit dir
leis	lesch	mit-er/es	mit ihm
léi	leej	mit-sie	mit ihr
linn	lin	mit-wir	mit uns
libh	liv	mit-ihr	mit euch
leo	l-oo	mit-sie	mit ihnen

Verhältniswörter

Verschiedene Tätigkeiten können durch **is** (sein) + Eigenschaftswort + **le** und einer Personenangabe ausgedrückt werden. „Haben" im Sinne von „besitzen" wird durch **is le** (sein mit) und einer Personenangabe ausgedrückt.

Is maith liom Conamara.
is ma l|om konémara
ist gut mit-ich Connemara
Ich mag Connemara.

Is leis é an carr.
is lesch ee 'n kår
ist mit-er es das Auto
Das Auto gehört ihm.

Dialektvariante: In Donegal auch uaim *„uem",* uait *„uet" usw. In Munster auch* uaim *„wuam",* uait *„wua¦t" usw.*

ó	oo		von
uaim	wem	*von-ich*	von mir
uait	wet	*von-du*	von dir
uaidh	wej	*von-er*	von ihm
uaithi	wehii	*von-sie*	von ihr
uainn	wen	*von-wir*	von uns
uaibh	web	*von-ihr*	von euch
uathu	wehu	*von-sie*	von ihnen

Das Verb **tá** (sein) zusammen mit dem Verhältniswort **ó** und einer Personenangabe bedeutet „brauchen":

Tá mála anseo ó Bhrian.
tå målé énsch<u>o</u> oo vrién
ist Tasche hier von Brian
Eine Tasche von Brian ist da.

Tá bainne uaim.
tå ban|é wem
ist Milch von-ich
Ich brauche Milch.

Die drei Fälle

Das Irische hat im Gegensatz zum Deutschen nur drei Fälle:

Der 1. Fall (Nominativ) ist die normale Form, nach der mit „wer?" oder „was?" gefragt wird. (In dieser Form stehen auch alle Wörter in den Wörterlisten.) Der irische 1. Fall übernimmt auch die Funktion des deutschen 4. Falls (Akkusativ, Frage: „wen?" oder „was?"). Der deutsche 3. Fall (Dativ, Frage: „wem?") wird oft mit dem Verhältniswort **do** gebildet.

Der irische 2. Fall (Genitiv, Frage: „wessen?") ist dem deutschen 2. Fall ähnlich. Mit ihm wird Herkunft, Material und Besitz ausgedrückt. Hauptwörter, denen ein weiteres, im 2. Fall gebeugtes Hauptwort folgt, stehen immer ohne Artikel. Wörter, die im 2. Fall gebeugt sind, werden in den Wort-für-Wort-Übersetzungen mit einer hochgestellten Zwei, „²", gekennzeichnet.

Im Irischen gibt es außerdem den im Deutschen nicht existierenden Anredefall (Vokativ).

2. Fall (Genitiv) mit Artikel, Einzahl

Hauptwörter, die mit dem bestimmten Artikel stehen, verändern sich am Wortanfang, wenn sie im 2. Fall gebeugt werden. Die wichtigste Regel ist, dass männliche Wörter leniert werden, weibliche hingegen nicht; also genau

Die drei Fälle

andersherum, als es im 1. Fall gemacht wird. Darüber hinaus wird der Artikel im 2. Fall vor weiblichen Wörtern zu **na** né.

Vergleichen Sie das männliche Wort **ceirnín** (Schallplatte) im 1. und 2. Fall:

an ceirnín	**ceol an cheirnín**
é' kerniin	kool é' cherniin
die Schallplatte	*Musik die Schallplatte[2]*
die Schallplatte	die Musik von der Schallplatte

Und hier als Beispiel noch das weibliche Wort **gloine** (Glas):

an gloine	**uisce na gloine**
é' ~~chrl~~ᵘiné	ischké né glᵘiné
das Glas	*Wasser das Glas2*
das Glas	das Wasser in dem Glas

Beugungsklassen

Leider gibt es, abgesehen von den obigen Regeln, noch viele spezielle Regeln, nach denen sich das Wort verändert. Allerdings werden von jüngeren Muttersprachlern immer öfter die Formen des 1. Falls anstatt des 2. Falls benuzt. Daher sollen hier nur die wichtigsten Beugungsregeln für den 2. Fall aufgeführt werden. Die Zahlen stehen in der folgenden Übersicht für die Beugungsklassen, „*w*" oder „*m*" für das grammatische Geschlecht.

Die drei Fälle

Der 2. Fall Einzahl wird von den einzelnen Beugungsklassen wie folgt gebildet:

m1	„breiter" Mitlaut wird durch „schlanken" Mitlaut ersetzt: **bád** bå̃d > **báid** bå̃ı̈d (Boot)	
w2	die Endung **-e** -ė oder **-í** -íı̈ wird angehängt: **áit** åı̈t > **áite** å̃ı̈tė (Ort)	
m/w3	die Endung **-a** -ė wird angehängt **dochtúir** doċhtuu'r > **dochtúra** doċhtuurė (Arzt)	
m/w4	bleibt unverändert: **trá** trå̃ > **trá** trå̃ (Strand)	

Das Zeichen > bedeutet „wird zu".

Es gibt übrigens mehr als vier Beugungsklassen. Wissensdurstige finden in der Literaturliste im Anhang Titel von Lehrbüchern und Grammatiken zum Nachschlagen.

2. Fall Mehrzahl

Endet ein Wort in der Mehrzahl mit einem Mitlaut, z.B. **fir** (Männer), oder auf **-a**, z.B. **bróga** (Schuhe), so ist der 2. Fall Mehrzahl mit dem 1. Fall Einzahl identisch. In allen anderen Fällen besteht in der Mehrzahl kein Unterschied zwischen dem 1. und 2. Fall.

Männliche wie weibliche Hauptwörter werden im 2. Fall Mehrzahl nach dem Artikel **na** eklipsiert. Beginnen sie mit einem Selbstlaut, so wird **n-** vorangestellt.

na bróga	**luach na mbróg**
nė broogė	luëċh nė mroog
die Schuhe	*Wert die Schuhe*[2]
die Schuhe	der Wert der Schuhe

seachto a trí | 73

Die drei Fälle

na habairtí	**brí na n-abairtí**
nə hăbĕ'rtii	brii nə nabĕ'rtii
die Sätze	*Bedeutung die Sätze²*
die Sätze	die Bedeutung der Sätze

Anwendung des 2. Falls

Wenn zwei Hauptwörter nacheinander stehen, wird das 2. Hauptwort immer im 2. Fall gebeugt. Dabei ist zu beachten, dass auch Tätigkeitshauptwörter zu den Hauptwörtern zählen.

Tá muintir na háite go deas.
tå m'intir nə hå'tĕ go däs
ind Leute der Ort² P nett
Die Einheimischen sind nett.

Tá sé ag ceannach feola.
tå schee'g k'änĕch foolĕ
sist er bei Kaufen Fleisch²
Er kauft gerade Fleisch.

Anredefall (Vokativ)

Fremdsprachige Namen beugt man in der Regel nicht. Aber auch bei irischen Namen wird die Anrede im 1. Fall immer häufiger. Neben der Lenition gibt es noch weitere Regeln, die mit denen des 2. Falls weitgehend identisch sind.

Redet man jemanden an, so verwendet man für den Namen den Anredefall. Diesem Fall geht die Partikel **a** „ĕ" voraus, die jedoch oftmals in der gesprochenen Sprache nicht zu hören ist. Der Name oder Begriff wird, wenn möglich, leniert.

cailín	kaliin	Mädchen
a chailín	ĕ chaliin	Mädchen!

74 | seachtó a ceathair

Verneinung

Im Irischen werden Aussagesätze verneint, indem an den Satzanfang **ní** (für Sätze in der Gegenwart/Zukunft) oder **níor** (für Sätze in der Vergangenheit) gestellt wird. **Ní** und **níor** lenieren das nachfolgende Verb.

Verneinung von Aussagesätzen

Ní thuigim Gearmáinis.
nii higim gärëmånisch
nicht verstehe-ich Deutsch
Ich verstehe kein Deutsch.

Ní cheannóidh sí na bróga.
nii ch'änooj schii në broogë
nicht kaufen-wird sie die Schuhe
Sie wird die Schuhe nicht kaufen.

Níor ól tú uisce beatha.
niir ool tuu ischkë bäha
nicht trankst du Wasser Leben(2)
Du trankst keinen Whiskey.

Níor thuig siad an scéal.
niir hig schiëd ë' schkeel
nicht verstanden sie die Geschichte
Sie verstanden die Geschichte nicht.

Verneinung

unregelmäßige Verneinung

Einige unregelmäßige Verben haben zu allem Überfluss auch noch spezielle Verneinungsformen.

chuigh sé	er ging
~~ch~~ui schee	
ní dheachaigh sé	er ging nicht
nii jä~~ch~~ii schee	
dúirt sé	er sagte
duu¹rt schee	
ní dúirt sé	er sagte nicht
nii duu¹rt schee	
rinne sé	er machte
riné schee	
ní dhearna sé	er machte nicht
nii järné schee	
fuair sé	er bekam
fuè¹r schee	
ní bhfuair sé	er bekam nicht
nii wuè¹r schee	

Unser Sprecher sagt:
níor dhúirt sé
„niir uu¹rt schee".

Verneinung

Verneinung von „tá" (sein)

tá	ist	níl	ist nicht
tå		niil	
bíonn	ist häufig	**ní bhíonn**	ist nicht häufig
biiën		nii viiën	
bhí	war	**ní raibh**	war nicht
vii		nii ro	
beidh	wird sein	**ní bheidh**	wird nicht sein
bej		nii wej	

Das Verb tá *(sein) hat in der Gegenwart, Vergangenheit und Zukunft besondere Verneinungsformen.*

ní raibh *wird in Munster „nii rev" ausgesprochen.*

Níl sé go maith.
niil schee go ma
nicht-ist er P gut
Ihm geht es nicht gut.

Ní bheidh an aimsir go maith amárach.
nii vej ën ämschir go ma ëmåreëh
nicht sein-wird das Wetter P gut morgen
Morgen wird das Wetter nicht gut sein.

Verneinung von „is"-Sätzen

Werden Aussagesätze mit **is** verneint, verschmilzt **is** mit **ní** zu **ní**. Die persönlichen Fürwörter **é** ee (er, es), **í** ii (sie, *Ez*) und **iad** iëd (sie, *Mz*) werden nach **ní** zu **hé, hí** und **hiad**.

Ní Éireannach mé.
nii eerënëëh mee
nicht-bin Ire ich
Ich bin kein Ire.

Ní hé an sagart é.
nii hee 'n sagërt ee
nicht-ist er der Priester er
Er ist nicht der Priester.

 Fragen

Fragen

Man unterscheidet zwischen Entscheidungsfragen, auf die man nur mit „ja" und „nein" antworten kann, und Ergänzungsfragen, die durch ein Fragewort (z.B. „wann?, warum?" etc.) eingeleitet werden.

Entscheidungsfragen

Das Irische hat keine Wörter für „ja" und „nein". Statt dessen wird das Verb der Frage wiederholt, wenn man mit „ja" antworten will. Soll die Antwort „nein" lauten, so wird die verneinte Form des Verbs benutzt. Nachgestellte persönliche Fürwörter entfallen in der Antwort.

Für Sätze in der Gegenwart und Zukunft wird die Fragepartikel **an** dem Aussagesatz vorangestellt. Das nachfolgende Wort wird dadurch eklipsiert. Die Fragepartikel (abgekürzt: „*FP*") hat keine eigene Wortbedeutung, sondern lediglich die Funktion, den Satz als Frage zu kennzeichnen.

An dtuigeann tú Gearmáinis?
é' d^uigén tuu gärëmånisch
FP verstehst du Deutsch
Verstehst du Deutsch?

Fragen

Tuigim.
t^uigim
verstehe-ich
Ja.

Ní thuigim.
nii higim
nicht verstehe-ich
Nein.

An íosfaidh siad iasc?
èn iishè schièd ièsk
FP essen-werden sie Fisch
Werden sie Fisch essen?

Íosfaidh.
iishè
essen-werden
Ja.

Ní íosfaidh.
nii iishè
nicht essen-werden
Nein.

Für Sätze in der Vergangenheit lautet die Fragepartikel **ar** èr. Das nachfolgende Wort wird leniert.

Ar thuig sí an scéal?
èr hig schii 'n schkeel
FP verstand sie die Geschichte
Verstand sie die Geschichte?

Thuig.
hig
verstand
Ja.

Níor thuig.
niir hig
nicht verstand
Nein.

Einige wenige unregelmäßige Verben haben unregelmäßige Frageformen. D.h., dass entweder die Art der Fragebildung von den Regeln

Fragen

abweicht oder das Verb in der Frage anders lautet als im Aussagesatz.

chuaigh sé chui schee	er ging
an ndeachaigh sé? é' njächii schee	ging er?
chonaic sé chonik schee	er sah
an bhfaca sé? é' wakė schee	sah er?
fuair sé fuė'r schee	er bekam
an bhfuair sé? é' wuė'r schee	bekam er?
gheobhaidh sé joohė schee	er wird bekommen
an bhfaighidh sé? é' wihii schee	wird er bekommen?

Das Verb **tá** (sein) und dessen Zeitformen werden nach **an** eklipsiert, wenn es keine abhängige Form gibt.

tá tå	wird in der Frage zu:	**an bhfuil** é' wil
bíonn biiėn	wird in der Frage zu:	**an mbíonn** é' miiėn
bhí vii	wird in der Frage zu:	**an raibh** é' ro
beidh bejé'	wird in der Frage zu:	**an mbeidh** é' mej

an raibh *wird in Munster „é' rev"* *ausgesprochen.*

Fragen

An bhfuil tú ag dul go dtí an baile mór?
e' wil tuu'g dul go dii 'n ba!lé moor
FP bist du bei Gehen zu der Ortschaft groß
Gehst du gerade in die Stadt?

Tá.	**Níl.**
tå	niil
sein	*nicht-sein*
Ja.	Nein.

An raibh tú i Meiriceá?
e' ro tuu i merěkå
FP warst du in Amerika
Warst du in Amerika?

Bhí.	**Ní raibh.**
vii	nii ro
war	*nicht war*
Ja.	Nein.

An mbeidh siad ag teacht anseo?
e' mej schiéd eg tläeht ensch<u>o</u>
FP sein-wird sie bei Kommen hier
Werden sie hierher kommen?

Beidh.	**Ní bheidh.**
bej	nii vej
sein-werden	*nicht sein-werden*
Ja.	Nein.

Wird aus einem Aussagesatz mit dem dem Verb **is** (sein) eine Frage gebildet, lautet die Fragepartikel **an,** das Verb **is** entfällt ganz. Hier beginnt nun eine der größeren Schwierigkeiten der irischen Sprache, denn leider haben Klassifizierungs- und Identifizierungssätze unterschiedliche Formen für „ja" und „nein":

Fragen

„Ja" heißt in Klassifizierungssätzen stets **sea** schä, „nein" immer **ní hea** nii hä.

An Gearmánach thú?	**Sea.**	**Ní hea.**
én gärëmånëe̶h̶ huu	schä	nii hä
FP Deutsche(r) du	*es-ist*	*nicht es-ist*
Bist du ein(e) Deutsche(r)?	Ja.	Nein.

In Identifikationssätzen wird für die Antwort das entsprechende persönliche Fürwort **is** (Antwort „ja") bzw. **ní** (Antwort „nein") nachgestellt.

An tú an Gearmánach?	**Is mé.**	**Ní mé.**
én tuu 'n gärëmånëe̶h̶	is mee	nii mee
FP du der/die Deutsche(r)	*bin ich*	*nicht-bin ich*
Bist du der/die Deutsche?	Ja.	Nein.

Ergänzungsfragen

Ergänzungsfragen werden im Deutschen mit Fragewörtern, z.B. „wer?, wie viel?, wann?", gebildet. Im Irischen gibt es viel weniger Fragewörter, mit denen aber durch die Kombination mit Hauptwörtern, Verhältniswörtern und verschiedenen Satzarten alles gefragt werden kann.

Cé kee (wer) ist ein häufiges Element solcher Fragewortkombinationen. In der Tabelle stehen alle Angaben, die man benötigt, um selber Ergänzungsfragen zu bilden. Wie üblich steht „*L!*" für Lenition. „*E!/A!*" bedeutet,

Fragen

dass entweder eklipsiert, oder, wenn vorhanden, eine abhängige Form verwendet wird. Außerdem ist zu beachten:

Stehen Fragewörter vor Verben, wird das Wörtchen **a** é dazwischengeschoben, das allerdings in der gesprochenen Sprache meist verschluckt wird.

Tá wird nach „*L!*" nicht leniert, sondern verschmilzt mit **a** zu **atá** ëtḁ.

Die verneinte Form von **a** ist **nach** (dass nicht), dem die abhängige Form oder ein eklipsiertes Verb folgt.

Die Abkürzung „*Eig.*" steht für ein Eigenschaftswort.

Die Abkürzung „*PF*" in der folgenden Liste steht für ein persönliches Fürwort. Hier muss eine Objektform, und zwar diejenige, die sich auf das folgende Hauptwort bezieht, eingesetzt werden (z.B. *„er der Mann"*). **É, í** und **iad** werden zu **hé, hí** und **hiad**.

cé + PF + Hauptwort kee	wer (ist jemand)?
cé a (*L!*) kee'	wer (tut etw./ ist wie)?
cé aige a bhfuil + Hauptwort kee ägë'wil	wer hat (etwas)?
cén + Hauptwort + **a** (*L!*) keen ... ë	welche, -r, -s?
cén uair a (*L!*) keen uë'r ë	wann?
cé mhéad a (*L!*) kee veed ë	wie viel(e)?

Fragen

In Connacht und Ulster wird für „warum" auch tuige *gesagt.*

cén fáth a (*E!/A!*) keen få'	warum?
cén chaoi a (*E!/A!*) kee'chii'	wie?
cé chomh + *Eig.* **is a** (*L!*) kee choo ... is é	wie (stark ist, *Eig.*)?
cá (*E!/A!*) kå	wo, wohin?
cé as + Hauptwort kee as	woher (ist jem.)?
céard a (*L!*) keerd é	was (tut jem.)?
céard é + Hauptwort keerd ee	was (ist etwas)?
cé leis + Hauptwort kee lesch	wem gehört (etwas)?

Cé a cheanaíonn an t-im?
kee' chäniién é' tiim
wer P kauft die Butter
Wer kauft die Butter?

Cé atá ann?
kee'tå ån
wer P-ist da
Wer ist da?

Cé hí an bhean seo?
kee hii 'n vän scho
wer sie die Frau diese
Wer ist diese Frau?

Cé thusa?
kee husé
wer du
Wer bist du?

Cé aige a bhfuil an leabhar?
kee ägé' wil é' llaur
wer bei-er P ist das Buch
Wer hat das Buch?

Fragen

Cén lá atá inniu ann?
keen lå 'tå iniu ån
welcher Tag P-ist heute da
Welcher Tag ist heute?

Cén uair a bhí sibh i nGaillimh?
keen ue'r ė vii schiv i ngaliv
welche Zeit P wart ihr in Galway
Wann wart ihr in Galway?

Cé mhéad a chosnaíonn sé?
kee weed ė ~~ch~~osniiėn schee
wer Menge P kostet es
Wie viel kostet es?

Cén fáth a bhfuil Gaeilge agat?
keen få' wil gᵘeelgė agėt
welcher Grund P ist Irisch bei-du
Wie kommt es, dass du Irisch sprichst?

Cén chaoi a bhfuil tú?
kee'~~ch~~ii' wil tuu
welche Weise P bist du
Wie geht es dir?

Cé chomh deacair is atá sé?
kee ~~ch~~oo d|äkėr is étå schee
wer so schwer P-ist es
Wie schwer ist es?

Cén fáth nach bhfuil tú sásta?
keen få na~~ch~~ wil tuu såstė
welcher Grund dass-nicht bist du zufrieden
Warum bist du nicht zufrieden?

ochtó a cúig | 85

Fragen

Cé leis an carr?
kee lesch è kår
wer mit-er das Auto
Wem gehört das Auto?

In Fragen in der Verlaufsform, die mit cé oder céard beginnen, wird das Verhältniswort ag durch die lenierende Partikel a ersetzt.

Céard atá tú a dhéanamh?
keerd ḙtạ̊ tuu è jeenḙ
was P-bist du P Machen
Was machst du (gerade)?

Im Bereich der Fragewörter weichen die verschiedenen Dialekte teilweise erheblich voneinander ab. Die obige Liste zeigt die Fragewörter Connachts. Hier nun eine Auflistung von Varianten in Munster und Ulster:

Keine Sorge: Die Fragewörter sind die schwierigsten Dialekt-Unterschiede. Achten Sie auf Signalwörter, wie as für „woher" (cé as/cad as/cérb as/ cá has), und beschränken Sie sich zunächst auf die Connacht-Formen. Übrigens können auch innerhalb der Dialekte unterschiedliche Formen auftreten.

Munster:		
cathain a (*L!*)	kahḙ'n è	wann?
cad chuige a (*E!/A!*)	kad ehigè'	warum?
cad ina thaobh	kana hiiv	warum?
conas a (*L!*)	konès è	wie *(tut jem etw./ist etw.)*?
cad as + Person	kad as	woher?
cad é + Hauptwort	kad ee	was *(ist etwas)*?
cad a (*L!*)	kad è	was *(tut jem.)*

Ulster:		
cá huair a (*L!*)	kaa huḙ'r è	wann?
cad chuige a (*E!/A!*)	katᵘii'	warum?
goidé mar a (*L!*)	gèdjee mar è	wie *(tut jem./ist etw.)*?
cá has + Person	kaas	woher?
goidé + Hauptwort	gèdjee	was *(ist etw.)*?

Zahlen & zählen

Oftmals wird man in der **Gaeltacht** hören, dass englische Zahlen verwendet werden, obwohl Irisch gesprochen wird. Dies gilt auch für die Uhrzeit und das Datum.

Grundzahlen

0	**náid**	náid	5	**a cúig**	è kuu'g
1	**a haon**	è heen	6	**a sé**	è schee
2	**a dó**	è doo	7	**a seacht**	è schäeht
3	**a trí**	è trii	8	**a hocht**	è hoeht
4	**a ceathair**	è k'ähè'r	9	**a naoi**	è n'ii

10	**a deich**	è dech, è dè
11	**a haon déag**	è heen deeg
12	**a dó dhéag**	è doo jeeg
13	**a trí déag**	è trii deeg
14	**a ceathair déag**	è k'ähè'r deeg
15	**a cúig déag**	è kuu'g deeg
16	**a sé déag**	è schee deeg
17	**a seacht déag**	è schäeht deeg
18	**a hocht déag**	è hoeht deeg
19	**a naoi déag**	è n'ii deeg

Die Grundzahlen werden nur für die Aufzählung verwendet, nicht jedoch zum Zählen von Personen oder Gegenständen. Zum Zählen werden besondere Zahlen benötigt, die im Kapitel „zählen" aufgeführt werden.

Hunderter, Tausender usw. (z.B. 200, 300, 2000, 3000 ...) werden gezählt, indem die Grundzahlen ohne die Partikel **a** vor die Zahl 100 bzw. 1000 gestellt werden. Die Zahlen 1, 2,

Zahlen & zählen

4 haben jedoch Sonderformen. Zu beachten ist, dass das **h** von **hocht** ohne die Partikel **a** entfällt.

Ab und zu hört man auch scór statt fiche; Mancherorts sagt man für 40 auch ceathracha „kärěchě".

20	**fiche**	fichě
30	**tríocha**	triiěchě
40	**daichead**	dachěd
50	**caoga**	kᵘiigě
60	**seasca**	schäskě
70	**seachtó**	schächtoo
80	**ochtó**	ochtoo
90	**nócha**	noochě

Für die zusammengesetzten Zahlen werden die Zahlen 1 bis 9 einfach an die betreffende Zahl angehängt. Zahlen über 19, die an Hunderter und höhere Zahlen angehängt werden, stehen ohne die Partikel a. Die vollen Zehner von 20 bis 90 (z.B. 120, 130, 140, 150 usw.) werden als Ausnahme mit is (und) angehängt.

100	**céad**	keed
200	**dhá chéad**	chrå cheed
300	**trí chéad**	trii cheed
400	**ceithre chéad**	kerě cheed

1000	**míle**	miilě
2000	**dhá mhíle**	chrå viilě
3000	**trí mhíle**	trii viilě
4000	**ceithre mhíle**	kerě viilě
Million	**milliún**	milʲuun

21	**fiche a haon**	fichě'heen
22	**fiche a dó**	fichě'doo
101	**céad a haon**	keed ě heen
1019	**míle a naoi déag**	miilě' nᵘii deeg
120	**céad is fiche**	keed is fichě
121	**céad fiche a haon**	keed fichě'heen

Zahlen & zählen

zählen

Hauptwörter, die gezählt werden, stehen stets in der Einzahl. Nach den Zahlen 2 bis 6 wird das gezählte Hauptwort leniert, nach den Zahlen 7 bis 10 hingegen eklipsiert. Für die 1 gibt es mehrere Bildungsmöglichkeiten.

Im folgenden Beispiel werden Boote gezählt:

*Beachte:
Die Zahlen 1, 2, 4
(sowie die mit diesen
zusammengesetzten
Grundzahlen 11, 12,
14) sind nicht mit den
Grundzahlen
identisch.*

aon bhád amháin	een wåd ėwā́in	*eins Boot nur*
bád amháin	båd ėwā́in	*Boot nur*
bád	båd	*Boot*
= ein Boot.		

Nach den Zahlen 2 - 6 wird das gezählte Hauptwort leniert:

dhá bhád	~~chrå~~ wåd	zwei Boote
trí bhád	trii wåd	drei Boote
ceithre bhád	keré wåd, cheré...	vier Boote
cúig bhád	kuuig wåd, ~~chuuig~~...	fünf Boote
sé bhád	schee wåd	sechs Boote

Nach den Zahlen 7 - 10 wird das gezählte Hauptwort eklipsiert:

seacht mbád	sch~~ae~~cht måd	sieben Boote
ocht mbád	o~~ch~~t måd	acht Boote
naoi mbád	nuii måd	neun Boote
deich mbád	dech måd, dė...	zehn Boote

ochtó a naoi

Zahlen & zählen

Bei zusammengesetzten Grundzahlen steht das Hauptwort zwischen dem Einer und dem Zehner (bzw. Hunderter, Tausender etc.), also nach dem Muster: „fünf ... und zwanzig".

aon bhád déag een wåd deeg	elf Boote
fiche bád fichė båd	zwanzig Boote
cúig bhád is fiche kuu'g wåd is fichė	fünfundzwanzig Boote
ocht mbád is fiche ocht måd is fichė	achtundzwanzig Boote

Ordnungszahlen

Für die Bildung der Ordnungszahlen („erste(r, -s), zweite(r, -s)" usw.) werden die Zahlen, die zum Zählen verwendet werden, herangezogen. An diese wird **-ú** angehängt. 1. und 2. sind Ausnahmen! Für die Zehnerzahlen von 30 bis 90 wird **-dú** angehängt. Den Ordnungszahlen wird darüber hinaus stets der Artikel **an** vorangestellt.

1.	**an chéad** (*L!*)	é' cheed
2.	**an dara**	é' daré
3.	**an tríú**	é' triiuu
4.	**an ceathrú**	é' kiäruu
5.	**an cúigiú**	é' kuuig'uu
6.	**an séú**	é' scheeuu
7.	**an seachtú**	é' schächtuu
8.	**an t-ochtú**	é' tochtuu
9.	**an naoú**	é' n^uiiuu
10.	**an deichiú**	é' dechuu
11.	**an t-aonú ... déag**	é' teenuu ... deeg
12.	**an dóú ... déag**	é' doouu ... deeg
20.	**an fichiú**	é' fichuu
21.	**an t-aonú ... is fiche**	é' teenuu ... is fiché
30.	**an tríochadú**	é' triiéchéduu

Chéad *(erste, -r, -s) verursacht Lenition (L!). Bei den zusammengesetzten Ordnungszahlen steht das Hauptwort zwischen dem Einer und dem Zehner (bzw. Hunderter usw.). Beachte: Anstelle von „..." steht (wie auch bei zusammengesetzten Grundzahlen) das zu zählende Hauptwort.*

Zeit & Datum

Im Irischen wird bei der Uhrzeit das 12-Stunden-System verwendet. Uhrzeiten werden mit den Grundzahlen gebildet, denen **a chlog** é chlog (abgeleitet von engl. „o'clock" = Uhr) nachgestellt werden kann.

Uhrzeit

Zeit & Datum

Cén t-am é?
keen tam ee
was-die Zeit sie
Wie spät ist es?

Tá sé a ceathair a chlog.
tå schee' k|ähé|r é chlog
ist es vier Uhr
Es ist vier Uhr.

tar éis	tar eesch	nach
chun	chun	vor
ceathrú	k|äruu	viertel
leathuair	lähué|r	halbe Stunde

Tá sé a ceathrú tar éis a naoi.
tå schee' k|äruu tar eesch é n^uii
ist es viertel nach neun
Es ist viertel nach neun.

Tá sé a ceathrú chun a dó.
tå schee' k|äruu chun é doo
ist es viertel zu zwei
Es ist viertel vor zwei.

Die halbe Stunde wird stets der vollen Stunde nachgestellt, d. h., „halb eins" wird im Irischen durch „halbe Stunde nach zwölf" formuliert.

Tá sé a leathuair tar éis a dó dhéag.
tå schee' lähué|r tar eesch é doo jeeg
ist es halbe Stunde nach zwölf
Es ist halb eins.

Cén t-am a mbeidh sí anseo?
keen tam é mej schii énscho
was-die Zeit die sein-wird sie hier
Wann wird sie hier sein?

Beidh sí anseo ag deich chun a cúig.
bej schii énscho eg dech chun é kuu|g
sein-wird sie hier bei zehn zu fünf
Sie wird zehn vor fünf hier sein.

Zeit & Datum

... deich tar éis a cúig.
... dech tar eesch é kuuig
... zehn über später P fünf
... zehn nach fünf ...

allgemeine Zeitangaben

inniu	iniu	heute
inné	iniee	gestern
arú inné	aruu'niee	vorgestern
aréir	éreer	gestern Abend
arú aréir	aruu'reer	vorgestern Abend
amárach	émåréch	morgen
arú amárach	aruu'måréch	übermorgen
ar maidin	er madin	am Morgen
tráthnóna	trånooné	Nachmittag/ Abend
san oíche	san iiché	in der Nacht
anuraidh	énuré	letztes Jahr
arú anuraidh	aruu'nuré	vorletztes Jahr
i mbliana	i mliéné	dieses Jahr
an bhliain seo chugainn	é' vlién scho chugéin	nächstes Jahr
anois	énisch	jetzt
ansin	énschin	dann
i gcónaí	i goonii	immer
go minic	go minik	oft
go hannamh	go hané	selten
ar ball beag	er bål biog	bald
níos déanaí	niis deenii	später
níos luaithe	niis lué	früher
gach lá	gach lå	täglich

Zeit & Datum

i gceann (+ 2. Fall): „in ..."	**ó shin**: „vor ..."
i gceann dhá seachtaine	**trí lá ó shin**
i g¦ån ǥrå schäehtë¦në	trii lå oo hin
in Ende zwei Woche²	*drei Tag vor*
in zwei Wochen	vor drei Tagen

seo caite: „nächste/-r/-s ..."	**seo chugainn:** „vergangene(r,-s) ..."
an tseachtain seo caite	**an mhí seo chugainn**
ë' täehtë¦n scho ka¦të	ë' vii scho ehugé¦n
die Woche diese vergangen	*der Monat dieser zu-uns*
vergangene Woche	nächsten Monat

ar feadh (+ 2. Fall): „... lang"
ar feadh oíche
er få iiché
auf Dauer Nacht²
eine Nacht lang

Wochentage

Dé Luain	dee luu¦n	Montag
Dé Máirt	dee må¦rt	Dienstag
Dé Céadaoin	dee keed⁾¦in	Mittwoch
Déardaoin	deerd⁾¦in	Donnerstag
Dé hAoine	dee hiiné	Freitag
Dé Sathairn	dee sahé¦rn	Samstag
Dé Domhnaigh	dee duuné	Sonntag

Zeit & Datum

Monate

Eanáir	änå¹r	Januar
Feabhra	fiaurė	Februar
Márta	mårtė	März
Aibreán	aibrån	April
Bealtaine	bältė¹nė	Mai
Meitheamh	mehėv	Juni
Iúil	uu¹l	Juli
Lúnasa	luunėsė	August
Meán Fómhair	miån fuuwė¹r	September
Deireadh Fómhair	derė fuuwė¹r	Oktober
Samhain	sau¹n	November
Mí na Nollag	mii nė nollėg	Dezember

Datum

Datumsangaben werden mit Ordnungszahlen nach dem Muster „der …te Tag des …" gebildet.

an chéad lá de Lúnasa
ė' cheed lå dė luunėsė
der erste Tag von August
der erste August

an tríú lá déag de Mheitheamh
ė' triiuu lå deeg dė vehėw
der dritte Tag zehn von Juni
der dreizehnte Juni

Kurz-Knigge

Die Freundlichkeit und Herzlichkeit der Iren prägt das Bild der grünen Insel. Allerdings wird den Iren auch nachgesagt, sie seien oberflächlich. Ihr offenes Verhalten gegenüber Fremden wird oft mit einer Freundschaftsbekundung verwechselt, die nicht unbedingt beabsichtigt war. Daher sollte man mit dem Vorurteil der Oberflächlichkeit vorsichtig sein. – Übrigens: Ein Anspruch auf irische Freundlichkeit besteht nicht. Seien Sie daher nicht böse, wenn Sie in Anbetracht der vielen Besucher mal nicht gegrüßt werden.

Es ist üblich, Leute einander vorzustellen. Sich mit jemanden zu unterhalten und den Begleiter nicht mit Namen vorzustellen, gilt als unhöflich und erfordert eine Entschuldigung. Wird man jemandem vorgestellt, so sollte man dieser Person auch Aufmerksamkeit und Interesse widmen.

Man isst nichts, ohne dem anderen etwas anzubieten. Der wird oft erst einmal ablehnen, worauf man die Frage „Are you sure?" oder **An bhfuil tú cinnte?** stellt. Lehnt er dann erneut ab, so will er wirklich nichts. Selber sollte man bei Aufforderung nur bescheiden zugreifen, wenn der Einladende Sie nicht von vornherein mit eingeplant hat.

Durch ein leichtes Senken des Kopfes zur Seite sagt man „hallo". Autofahrer heben zum Gruß einen Zeigefinger.

Kurz-Knigge

Im Kapitel „Anrede" sind einige häufige Vornamen, ihre Anredeformen und die offiziellen englischen „Übersetzungen" aufgelistet.

Pünktlichkeit ist nicht grade die Stärke der Iren. Zu Partys, die um acht Uhr beginnen, treffen die meisten Gäste erst gegen zehn ein. Dementsprechend verständnisvoll beurteilt man Verspätungen.

In „Pubs", die ja keine Tischbedienung haben, holt man sich gegenseitig Getränke. Das Bier, das man Ihnen bringt, verpflichtet meistens dazu, dem anderen das nächste zu kaufen. Wenn man nicht genug Geld für eine Runde dabei hat, ist es durchaus üblich, darauf hinzuweisen und dem, der das Getränk geholt hat, das Geld dafür zuzustecken.

Die irisch-gälische Namensgebung

Das alte gälische Namenssystem in seiner reinen Form wird immer brüchiger. Gerade jüngere Leute benutzen gerne die anglisierten Formen der Familiennamen. In der **Gaeltacht** besteht bei der Wahl der Vornamen ein Trend zu englischen Namen, während irische Vornamen in den Städten sehr populär sind. Üblich ist es auch, bei englischer Konversation eine englischsprachige, bei irischer Konversation eine irische Form zu benutzen. Viele Sprachaktivisten bevorzugen die irische Form ihres Namens oder lehnen die englische Version gar ab, auch wenn sie ursprünglich einen englischen Vornamen und die anglisierte Form eines irischen Nachnamens trugen. Es ist ohne weiteres möglich und auch üblich, den Namen im Pass und anderen Dokumenten ins Irische übersetzen zu lassen.

Die **O's** und auch die **Mac's** sind typische Elemente irischer Namen, die auch in den anglisierten Formen auftreten: So heißt John O'Brien auf irisch **Seán Ó Briain** schåhn oo briè¹n, Seán, Nachfahre Brians. Seine Tochter, Mary O'Brian, heißt auf irisch **Máire Ní Bhriain** måˈrè nii vriè¹n, Máire, Tochter des Nachfahren Brians. Bridget O'Brian, seine Ehefrau, wird **Bríd bean Uí Bhriain** briid bän ii vriè¹n, Bríd, Frau des Nachfahren Brians genannt.

Anrede

Patrick McMahons Name hat die irische Form **Pádraig Mac Mathúna** pådrig mak mahuuné, Pádraig, Sohn Mathúins. Seine Frau, Gráinne McMahon, wird in der alten Sprache zu **Gráinne bean Mhic Mhathúna** gråíné bän wik wahuuné, Gráinne, Frau des Sohnes Mathúins. Deren Tochter, Sarah McMahon, kann sich **Sorcha Nic Mhathúna** soréché nik wahuuné, Sorcha, Tochter des Sohnes Mathúins nennen.

Daneben gibt es noch einige Namen ohne die Elemente **Ó**, **Ní**, **Mac** und **Nic**, die oftmals normannischer Herkunft sind. Sinéad De Burgh und Peter De Burgh heißen auf Irisch **Sinéad de Búrca** schineed dé buurké und **Peadar de Búrca** päder de buurké.

Anrede

In Irland spricht man sich meistens mit dem Vornamen an. Es gibt im Irischen mehrere Möglichkeiten zu einer formellen Anrede nach dem Muster „Herr/Frau …". Da sie aber komplizierter sind, so unangenehme Erscheinungen wie die Beugung im 2. Fall mit sich bringen und darüber hinaus sowieso selten vorkommen, schlage ich vor, im Notfall einfach das englische „Mister" oder „Missis" zu verwenden.

Das Irische hat einen besonderen Anredefall. Spricht man jemanden an, so beginnt man mit der Partikel **a** é, die aber von einem Muttersprachler beim Sprechen meist ver-

Anrede

schluckt wird. Das folgende Wort wird dann leniert und, wenn es auf einem dunklen Mitlaut endet und männlich ist, am Wortende aufgehellt. Bei fremdsprachigen Namen (einschließlich englischen) wird normalerweise kein Anredefall gebildet. Unter jüngeren Leuten wird es immer üblicher, den 1. Fall, also **Seán** statt **a Sheáin**, zu verwenden.

Hier eine Liste irischer Namen, der dazugehören Anredeformen und den offiziellen englischen „Übersetzungen":

Irischer Name	Anredefall	Englische Form:
Bairbre ba‖rėbrė	**a Bhairbre** ė wa‖rėbrė	*Barbara*
Brian briėn	**a Bhriain** ė vriė‖n	*Brian*
Bríd briid	**a Bhríd** ė vriid	*Bridget*
Cáit kåt	**a Cháit** ė c̶h̶åt	*Kate*
Caitríona ka‖triiėnė	**a Chaitríona** ė c̶h̶a‖triiėnė	*Catherine*
Caoimhín kᵘiiviin	**a Chaoimhín** ė c̶h̶iiviin	*Kevin*
Colm kolėm	**a Choilm** ė c̶h̶o‖lėm	*Colm*
Éamann eemėn	**a Éamainn** 'eemė‖n	*Eamon*
Eibhlín evliin	**a Eibhlín** 'evliin	*Eileen*
Gearóid gäroo‖d	**a Ghearóid** ė järoo‖d	*Garret*
Máire må‖rė	**a Mháire** ė wå‖rė	*Mary*
Nóirín noo‖riin	**a Nóirín** ė noo‖riin	*Noreen*
Pádraig pådrėg	**a Pháidrig** ė fådrig	*Patrick*
Séamas scheemės	**a Shéamais** ė heemėsch	*James*
Seán schån	**a Sheáin** ė hå‖n	*John*
Sinéad schineed	**a Shinéad** ė hineed	*Jane*
Siobhán schiwån	**a Shiobhán** ė hiwån	*Susan*
Sorcha sorėc̶h̶ė	**a Shorcha** ė horėc̶h̶ė	*Sarah*
Tomás tomås	**a Thomáis** ė homåsch	*Thomas*

Begrüßen & verabschieden

Die übliche irische Begrüßung kann zu allen Tageszeiten angewendet werden; sie ist dem süddeutschen „Grüß Gott" sehr ähnlich. Trifft man jemandem, den man grüßen möchte, so lautet der Gruß und die dazugehörige Antwort:

Beachte:
Spricht man mehrere Personen an, so wird dhuit durch dhaoibh „ehriiv" („zu-ihr") ersetzt.

Dia dhuit!
dië ~~chrit~~
Gott zu-du
Gott mit Dir!

Dia's Muire dhuit!
dië's mᵘerë ~~chrit~~
Gott und Maria zu-du
Gott und Maria mit Dir

Dialektvariante:
In Donegal sagt man:
Maidin mhaith
„madjin waj".

Dia dhuit ar maidin!
dië ~~chr~~it er madin
Gott zu-du auf Morgen
Guten Morgen!

Weniger förmlich ist es, einfach mit der Frage nach dem Befinden, **haló** oder einer Bemerkung über das Wetter zu grüßen.

Cén chaoi a bhfuil tú?
kee'~~chii~~' wil tuu
was-die Weise die bist du
Wie geht es dir?

Cén chaoi a bhfuil tú féin?
kee'~~chii~~' wil tuu hee'n
was-die Weise die bist du selbst
Und wie geht es dir? *(Gegenfrage)*

Begrüßen & verabschieden

Tá mé go dona.
tå mee go donė
bin ich P schlecht
Mir geht es schlecht.

Tá mé go maith, go raibh maith agat.
tå mee go ma, go rė' ma hagėt
bin ich P gut, möge sein Gutes bei-du
Mir geht es gut, danke.

Tá an lá go deas.   **Tá an lá go dona.**
tå 'n lå go dias   tå 'n lå go donė
ist der Tag P nett   *ist der Tag P schlecht*
Es ist ein schöner Tag. Es ist ein schlechter Tag.

Antworten kann man mit einer eigenen Einschätzung:

Tá sé ceart go leor/go deas/fliuch/gaofar.
tå schee kiärt go lloor/go diäs/flluch/guifėr
ist es richtig P genug/P nett/feucht/windig
Es ist in Ordnung/angenehm/feucht/windig.

Wenn man jemanden grüßt, den man schon etwas kennt, kann man fragen:

An bhfuil aon scéal agat?
ė' wil een schkeel agėt
FP ist eine Geschichte bei-du
Hast du irgend etwas zu erzählen?

Meist hat man nichts zu erzählen. Dann sagt man:

céad a trí | 103

Begrüßen & verabschieden

Tada.	oder:	**Diabhail-scéal.**
tadé		d|au|l-schkeel
nichts		*Teufel-Geschichte*
Nichts.		Nichts.

Die Frage nach dem Befinden lautet in allen Dialekten anders. Hier die beiden anderen Formen:

Conas atá tú? **Goidé mar atá tú?**
konés 'tå tuu   gédjee mar 'taa tuu
wie P-bist du *was-ist-es wie P-bist du*
Wie geht es dir? Wie geht es dir?
(in Munster)   *(in Ulster)*

verabschieden

Beachte:
Werden mehrere Personen angesprochen, so wird agat *durch* agaibh „agiv" *(bei euch) und* leat *durch* libh „liv" *(mit euch) ersetzt.*

Slán agat. **Slán leat.**
slån agét   slån l|ät
Gesundheit bei-du *Gesundheit mit-du*
Auf Wiedersehen. Auf Wiedersehen.
(der Gehende) *(der Bleibende)*

Ist einem das zu umständlich, reichen auch die folgenden Floskeln:

Slán! **Slán anois!** **Slán go fóill!**
slån   slån énisch   slån go foo|l
Gesundheit *Gesundheit jetzt* *Gesundheit P noch*
Tschüss! Tschüss!   Tschüss!

Man kann außerdem noch hinzufügen:

Begrüßen & verabschieden

Oíche mhaith. **Go n-éirí do bhóthar leat!**
iiché wa go nairii do woohėr lät
Nacht gut *möge steigen deine Straße mit-du*
Gute Nacht. Gute Reise!

Eine bei jüngeren Leuten übliche Lehnübersetzung des englischen „Take it easy!" ist:

Tóg go bog é.
toog go bog ee
nimm P leicht es
Nimm's leicht!

Religiöse Abschiedswünsche:

Go ngnothaí Dia dhuit. **Bail ó Dhia ort.**
go nohii diė ėhrit bail oo jiė ort
möge segnen Gott zu-du *Segen von Gott auf-du*
Gott segne dich. Gott segne dich.

Go dtuga Dia slán abhaile thú.
go dugė diė slån ėwailė huu
möge bringen Gott gesund nach-Hause du
Möge Gott dich sicher nach Hause leiten.

Das erste Gespräch

Das erste Gespräch

Cén t-ainm atá ort?
keen tanim et̪ā ort
*was-der Name der-ist
 auf-du*
Wie heißt du?

Karin an t-ainm atá orm.
karin ė' tanim et̪ā orėm
*Karin der Name der-ist
 auf-ich*
Ich heiße Karin.

Eine Dialektvariante aus Munster für die Frage und Antwort nach dem Namen ist:

Cad is ainm duit?
kad is anim dᵘit
was ist Name zu-du
Wie heißt du?

Karin is ainm dom.
karin is anim dom
Karin ist Name zu-ich
Ich heiße Karin.

Cé as thú?
kee as huu
was aus du
Woher kommst du?

Is as an nGearmáin/an Ostair/an Eilvéis mé.
is as ė' ngārėmá̲in/ėn ostèir/ėn elveesch mee
*bin aus das Deutschland/das Österreich/
die Schweiz ich*
Ich komme aus Deutschland/Österreich/ der Schweiz.

Dialektvarianten für die Frage und Antwort nach der Herkunft sind:

Das erste Gespräch

Cérb as duit?
keerb as d⁽ᵘ⁾it
was-ist aus zu-du
Woher kommst du?
(in Ulster)

Cad as duit?
kad as d⁽ᵘ⁾it
was aus zu-du
Woher kommst du?
(in Munster)

Is as an Ghearmáin dom.
is as è' järèmå̊in duu
bin aus das Deutschland zu-ich
Ich komme aus Deutschland.
(Beispiel für Antwort in Ulster)

🔊 **Cá bhfuil tú i do chónaí?**
kå wil tuu i do c̶h̶oonii
wo bist du in dein Wohnen
Wo wohnst du/wohnen Sie?

🔊 **Tá mé i mo chónaí i bhFreiburg.**
tå mee i mo c̶h̶oonii i vraiburg
bin ich in mein Wohnen in Freiburg
Ich wohne in Freiburg.

🔊 **Cén fhad atá tú anseo anois?**
keen ad ètå̊ tuu ènscho ènisch
was-die Länge die-bist du hier jetzt
Wie lange bist du schon da?

🔊 **Tá mé anseo le seachtain.**
tå mee ènscho lè schäc̶h̶tèin
bin ich hier mit Woche
Ich bin schon seit einer Woche hier.

Das erste Gespräch

Cá bhfuil tú ag fanacht?
kå wil tuu'g fanècht
wo bist du bei Bleiben
Wo logierst du?

Tá mé ag fanacht tigh Mháirtín.
tå mee'g fanècht tii wå'rtiin
bin ich bei Bleiben im-Haus Máirtín²
Ich wohne im Haus von Máirtín.

Cén aois thú?
keen iisch huu
was-das Alter du
Wie alt bist du?

Tá mé seacht mbliana is fiche d'aois.
tå mee schächt mliènè is fichè diisch
bin ich sieben Jahre und zwanzig von Alter
Ich bin 27 Jahre alt.

An bhfuil tú pósta?	**Tá.**	**Níl.**
e' wil tuu poostè	tå	niil
FP bist du verheiratet	*sein*	*nicht-sein*
Bist du verheiratet?	Ja.	Nein.

An bhfuil clann agat?
e' wil klan agèt
FP ist Kinderschar bei-du
Hast du Kinder?

Ta, iníon amháin.	**Níl.**
tå, iniin èwå̀in	niil
sein, Tochter nur	*nicht-sein*
Ja, eine Tochter.	Nein.

Das erste Gespräch

Cén tslí beatha atá agat?
keen tlii bähë 'tå agėt
was-der Weg Leben P-ist bei-du
Was ist dein Beruf?

Is ... mé. *bin ... ich*	is ... mee	Ich bin ...
fostaí (*m4*, **fostaithe**)	fostii	Angestellte(r)
oibrí (*m4*, **oibrithe**)	aibrii	Arbeiter(in)
feirmeoir (*m3*, **-í**)	ferėmjooˈr	Bauer
iascaire (*m4*, **iascairí**)	iėskėirė	Fischer
gnóthadóir (*m3*, **-í**)	gnoohėdooˈr	Geschäftsmann (-frau)
fear ceirde (*m*, **fir ...**)	fär kerdė	Handwerker
innealtóir (*m3*, **-í**)	inˈaltooˈr	Ingenieur(in)
múinteoir (*m3*, **-í**)	muuˈntjooˈr	Lehrer(in)
pinsinéir (*m3*, **-í**)	pinschineeˈr	Rentner(in)
mac léinn (*m*, **mic ...**)	mak leeˈn	Schüler(in), Student(in)
rúnaí (*m4*, **rúnaithe**)	ruunii	Sekretär(in)

An maith leat Éire?
ė' ma lˈät eerė
FP gut mit-du Irland
Magst du Irland?

Vielerorts wird heutzutage der Dativ Éirinn *als Grundform benutzt.*

Bitten, danken & wünschen

Is maith agus is breá liom an ceol.
is ma agės is brıå lıom ė' kıool
ist gut und ist wundervoll mit-ich die Musik
Ja, vor allem die Musik.

An mbaineann tú taitneamh as do laethanta saoire?
ė' maınėn tuu taınė as do lähėntė sᵘıirė
FP erntest du Freude aus deine Tage freie
Amüsierst und erholst du dich gut in deinen Ferien?

Bainim.	**Ní bhainim.**
baınim	nii waınim
ernte-ich	*nicht ernte-ich*
Ja.	Nein.

Bitten, danken & wünschen

anbieten, bitten & danken

An ólfaidh tú cupán tae?
ėn oolhė tuu kupån tee
FP trinken-wirst du Tasse Tee
Trinkst du eine Tasse Tee?

Ólfaidh / ní ólfaidh, go raibh maith agat.
oolhė / nii oolhė, go rė' ma hagėt
trinken-werde / nicht trinken-werde, möge sein Gutes auf-du
Ja / nein, danke.

Bitten, danken & wünschen

Ar mhaith leat cupán tae?
èr wa lät kupån tee
wäre gut mit-du Tasse Tee[2]
Möchtest du eine Tasse Tee?

Ba mhaith / níor mhaith, go raibh maith agat.
ba wa / niir wa, go rè' ma hagèt
wäre gut / nicht-wäre gut, möge sein Gutes bei-du
Ja / nein, danke.

Cé acu is fearr leat, tae nó caife?
kee aku is fiår lät, tee noo kafè
was von-sie ist besser mit-du Tee oder Kaffee
Was bevorzugst du, Kaffee oder Tee?

Is fearr liom caife.
is fiår liom kafè
ist besser mit-ich Kaffee
Ich bevorzuge Kaffee.

Go raibh maith agat as an tae!
go rè' ma hagèt as èn tee
möge sein Gutes bei-du aus der Tee
Vielen Dank für den Tee!

Tá failte romhat.   **Ná habair é.**
tå fåiltè root   nå habè'r ee
ist Willkommen vor-du   *nicht sag es*
Bitte sehr.   Keine Ursache.

Um jemanden um einen Gefallen zu bitten,
fragt man:

caéd a haon déag | 111

Bitten, danken & wünschen

An féidir leat cuidiú liom?
é' feedir lⁱät k^uidiuu lⁱom
FP möglich mit-du Helfen mit-ich
Können Sie mir helfen?

Tabhair dhom ..., más é do thoil é.
tooⁱr ~~ehr~~om ..., måsch e do hoⁱl ee
gib zu-ich ..., wenn-ist es dein Wille es.
Gib mir ..., bitte.

wünschen

Nollaig faoi shéan agus faoi shonas dhuit.
nol^éig f^uii heen ag^és f^uii hon<u>é</u>s ~~ehr~~it
Weihnachten unter Wohlstand und unter Glück zu-du
Frohe Weihnachten.

Breithlá sona dhuit.
brel<u>å</u> soné ~~ehr~~it
Geburt-Tag glücklich zu-du
Herzlichen Glückwunsch zum Geburtstag.

Athbhliain faoi mhaise dhuit.
avl<u>i</u>eⁱn f^uii waschè ~~ehr~~it
neu-Jahr unter Schönheit zu-du
Frohes neues Jahr.

Lá Fhéile Pádraig sona dhuit.
lå'lé pådrig soné ~~ehr~~it
Tag Fest Patrick glücklich zu-du
Frohen St. Patrick's Day.

Go mbeirimid beo ar an am seo arís.
go merimid bⁱoo er én am scho er<u>ii</u>sch
mögen festhalten-wir lebendig auf die Zeit diese wieder
Mögen wir zu dieser Zeit nächstes Jahr noch leben. *(zum Abschied)*

St. Patrick (Naomh Pádraig) ist der irische Nationalheilige, der die grüne Insel im 5. Jahrhundert der Legende zufolge christianisierte. Am 17. März feiert man ihm zu Ehren St. Patrick's Day. An diesem Tag sind die irischen Pubs auf der ganzen Welt überfüllt. In den Städten werden Paraden abgehalten und man verschickt Glückwunschpostkarten an Freunde und Verwandte.

Zu Gast sein

Wird man zum Tee eingeladen, so ist es üblich, Schokolade oder Plätzchen mitzubringen. Der Gastgeber sagt dann normalerweise:

Tar isteach!
tar ischtäch
komm herein
Komm/
 kommen Sie herein!

Suigh sios!
sᵘii schiis
setze von-oben-herunter
Setz dich!/
 Setzen Sie sich!

Ar mhaith leat cupán eile?
ėr wa lät kupån elė
FP gut mit-du Tasse andere
Möchtest du noch eine Tasse?

Irlandreisende machen nicht selten die Erfahrung, mit Tee geradezu „abgefüllt" zu werden.

Ba mhaith, go raibh maith agat.
ba wa, go rė' ma hagėt
sein-würde, möge sein Gutes bei-du
Ja, bitte.

Níor mhaith, go raibh míle maith agat.
niir wa, go rė' miilė ma hagėt
nicht-wäre gut, möge sein tausend Gutes auf-du
Nein, danke.

An bhfuil tú cinnte? **Tá.**
ė' wil tuu kintė   tå
FP bist du sicher   *sein*
Wirklich?   Ja.

Zu Gast sein

Familie

In Klammern stehen die Hauptwortklasse und Angaben zur Mehrzahlbildung.

tuismitheoirí	tuischmihoorii	Eltern
máthair *(w, **mátharacha**)*	måhéⁱr	Mutter
athair *(m, **atharacha**)*	ahéⁱr	Vater
seanmhathair *(w)*	schänwåhéⁱr	Großmutter
seanáthair	schänåhéⁱr	Großvater
páiste *(m4, **páistí**)*	påschtė	Kind
iníon *(w2, **-acha**)*	iniin	Tochter
mac *(m1, **mic**)*	mak	Sohn
gariníon *(w2)*	gariniin	Enkelin
garmhac *(m1)*	garwak	Enkel (der)
clann clainne *(Mz)*	klan klaⁱnė	Enkel (die)
aintín *(m4, **-í**)*	äntiin	Tante
uncail *(m4, **-í**)*	unkéⁱl	Onkel

Unterwegs ...

... im Dorf und in der Stadt

baile *(m4, -lte)*	ba'lé	Ortschaft
baile beag *(m4, -lte ...-a)*	ba'lé biog	Dorf
baile mór *(m4, -lte ...-a)*	ba'lé moor	Stadt
cathair *(w, cathracha)*	kahir	Großstadt
muintir na háite *(w, Mz)*	mu'ntir né hå'té	(die) Einheimischen
lucht cathrach *(m)*	lucht karéch	Stadtbewohner
Gaeltacht *(w3)*	g'eeltécht	irischsprachige Region
Galltacht *(w3)*	gåltécht	englischsprachige Region

Gabh mo leithscéal, cá bhfuil ...?
go mo leschkeel, kå wil ...
nimm meine Entschuldigung, wo ist ...
Entschuldigung, wo ist/sind ...?

Tá mé ag lorg ...
tå mee'g lorég ...
bin ich bei Suchen ...
Ich suche ...

Céard é an tslí is fearr go ...?
keerd ee 'n tlii is flår go ...
was er der Weg meist besser zu/nach ...
Welches ist der beste Weg nach ...?

séipéal *(m1, séipéil)*	scheepeel	Kirche
banc *(m1, bainc)*	bank	Bank
aonach *(m, aontaí)*	iinéch	Markt

Irisch wird nur noch in wenigen Dörfern in abseits gelegenen Regionen, den Gaeltacht- *Gebieten, als traditionell vermittelte Sprache gesprochen. Englisch versteht mittlerweile jeder, aber gerade ältere Leute freuen sich oft, in ihrer Sprache angesprochen zu werden.*

céad a cúig déag

Unterwegs ...

In der Stadt wird eigentlich kein Irisch gesprochen – wären da nicht einige Sprachaktivisten, die man allerdings kaum zufällig auf der Straße trifft. Conradh na Gaeilge „konrë në g^ueelgë", eine Organisation, die sich die Pflege der alten Sprache zur Aufgabe gemacht hat, unterhält in den meisten größeren Städten Irlands Clubs, an die auch Bars angeschlossen sind. Adressen erfährt man z.B. aus den örtlichen Telefonbüchern.

Hier noch einiges stadtspezifisches Vokabular für Gespräche mit urbanen **Gaeilgeoirí** g^ueelgorii (Irischsprechern):

linn snámha (*w*, **-te ...**)	lin snåwë	Schwimmbad
pictiúrlann (*w2*, **-lainne**)	piktⁱuurlën	Kino
ollmhargadh (*m*, **-gaidh**)	olwargë	Supermarkt
amharclann (*w2*, **-luinne**)	aurklën	Theater
ollscoil (*w2*, **-eanna**)	olskol^j	Universität
halla baile (*m*, **-í ...**)	halë bal^jë	Stadthalle
iarsmalann (*w2*, **-lainne**)	iersmalën	Museum

An bhfuil sé i bhfad uainn?
è' wil schee i wad wen
FP ist es in Weite von-wir
Ist es weit weg von uns?

Níl sé ach cúig nóiméad.
niil schee ach kuu^jg noomeed
nicht-ist es außer fünf Minute
Nur fünf Minuten.

An féidir siúl?
è' feedir schuul
FP möglich Laufen
Kann man zu Fuß gehen?

Unterwegs ...

Is féidir.
is feedir
ist möglich
Ja.

Ní féidir.
nii feedir
nicht-ist möglich
Nein.

Lean ...!	län ...	Geh ... weiter!
Cas ...!	kas ...	Bieg ... ab!
ar dheis	er jesch	(nach) rechts
ar chlé	er chlee	(nach) links
ar aghaidh	er aj	geradeaus
os comhair	os koo'r	gegenüber
anseo / ansin	ênsch_o_ / ênsch_i_n	hier / dort
in aice leis	in äkė lesch	in der Nähe von
taobh leis	t^uiiw lesch	neben
chomh fada leis an	choo fadė lesch én	bis zu dem/der
thall ansin	hal ênsch_i_n	dort drüben
ar ais	er äsch	zurück
ar dtús ..., ansin ...	er duus ..., ênsch_i_n ...	zuerst ..., dann

Cén t-ainm atá ar an áit seo?
keen tanim ėt_å_ er ėn å't scho
was-der Name P-ist auf der Ort dieser
Wie heißt dieser Ort?

An é seo ...?
ėn ee scho ...
FP es dies ...
Ist dies ...?

An féidir dul ag breathnú ar ...?
ė' feedir dul eg bränuu er ...
FP möglich Besuch zu Geben auf ...
Kann man ... besichtigen?

céad a seacht déag | **117**

Unterwegs ...

An féidir leat é a thaispeáint dhom ar an léarscáil.
é' feedir ľät ee' haschpáint ehrom er é' leerskáil
FP möglich mit-du es zu Zeigen zu-ich auf die Landkarte
Kannst du/können Sie mir das auf der Landkarte zeigen?

An bhfuil ... ar oscailt/dúnta?
é' wil ... er oskailt/duuntė
FP ist ... auf offen/geschlossen
Ist ... geöffnet/geschlossen?

Cén t-am a mbíonn sé ar oscailt?
keen tam é miién schee er oskailt
was-die Zeit P häufig-ist es auf offen
Wann ist es (immer) geöffnet?

... auf dem Land

Während Irlands Küsten meist gebirgig sind, ist das Landesinnere flach. Im Laufe der Geschichte wurden die Wälder der Insel abgeholzt, weshalb nur noch 3% der Fläche Irlands mit Bäumen bedeckt ist.

Von der früheren dichten Bewaldung zeugen noch einige Ortsnamen (Doire = Eichenwald, engl. „Derry").

Mehrere Inseln vor der Küste Irlands sind bewohnt. Das Leben läuft dort noch langsamer ab, als es auf dem Festland der Fall ist. Polizei gibt es auf den meisten Inseln nicht, weshalb sich die Pubs oft nicht an gesetzliche Öffnungszeiten halten.

Unterwegs ...

faoin tír	fᵘiin tiir	*auf dem Land*
radharc tíre *(m)*	rairk tiirė	*Landschaft*
oileán *(m1, oileáin)*	ilån	*Insel*
sliabh *(m, sléibhte)*	schliu	*Berg*
cnoc *(m1, cnoic)*	krok	*Hügel*
barr *(m1, -a)*	bår	*Gipfel*
gleann *(m3, -ta)*	glän	*Tal*
bóthar *(m1, bóithre)*	boohėr	*Straße, Weg*
farraige *(f4, farraigí)*	farėⁱgė	*Meer*
loch *(m3, -anna)*	loch	*See*
abhainn *(w, aibhneacha)*	auⁱn	*Fluss*
trá *(f4, -nna)*	trå	*Strand*
cladach *(m, cladaigh)*	kladėch	*Ufer*
cuan *(m1, -ta)*	kuėn	*Bucht, Hafen*
iascaire *(m4, -rí)*	iėskėⁱrė	*Fischer*
bád *(m1, báid)*	båd	*Boot, Kutter*
feirm *(w2, -eacha)*	ferėm	*Bauernhof*
feirmeoir *(m3, -í)*	ferėmⁱooⁱr	*Bauer*
gort *(m1, goirt)*	gort	*Feld*
móin *(w3)*	mooⁱn, muuⁱn	*Torf*
claí *(m4, -onna)*	klai	*Mauer, Zaun*

Tiere

asal *(m1, asail)*	asėl	*Esel*
coileach *(m, -ligh)*	koⁱlėch, kᵘilėch	*Hahn*
cearc *(w3, -a)*	kärk	*Huhn*
madra *(m4, -í)*	madrė	*Hund*
cat *(m1, cait)*	kat, kut	*Katze*
bó *(w, ba)*	boo	*Kuh*
capall *(m1, capaill)*	kapėl	*Pferd*
caora *(w4, coirigh)*	kᵘiirė	*Schaf*
muc *(w2, -a)*	muk	*Schwein*

Unterwegs ...

... mit dem Bus

Das wichtigste öffentliche Verkehrsmittel Irlands sind die Busse, die im Vergleich zur Bahn in alle Ecken des Landes fahren und billiger sind. Die große Busgesellschaft der Republik heißt **Bus Éireann** bus eerèn, im Norden ist es **Ulster Bus**. Daneben existieren preiswertere Privatlinien. Da die **Gaeltacht**-Gebiete sehr klein sind und Busse größere Bereiche abdecken, laufen Unterhaltungen mit den Busfahrern meistens auf Englisch ab.

Bus	**bus** *(m, -anna)*	bus
Fahrschein	**ticéad** *(m1, **ticéid**)*	tikeed
Einzelfahrschein	**ticéad singil**	tikeed schingil
Rückfahrschein	**ticéad fillte**	tikeed filtè
Fahrplan	**tráthchlár** *(m1, **tráchláir**)*	trăchlăr

Cá bhfuil stad an bhus?
kå wil stad è' wus
wo ist Stop der Bus²
Wo ist die Bushaltestelle?

An é seo bus na Gaillimhe?
èn ee scho bus nè galivè
FP es dies Bus das Galway²
Ist das der Bus nach Galway?

Cén t-am a sroicheann sé Gaillimh?
keen tam è sruichèn schee galiv
was-die Zeit P erreichen es Galway
Um wie viel Uhr erreicht er Galway?

Unterwegs ...

Cén t-am a mbeidh bus na Gaillimhe ag imeacht?
keen tam a mej bus né galivé eg imäe̶h̶t̶
was-die Zeit die sein-wird Bus das Galway² bei Weggehen
Wann wird der Bus nach Galway abfahren?

Cá mbíonn bus na Gaillimhe ag imeacht?
kå miièn bus né galivé eg imäe̶h̶t̶
wo stets-ist Bus das Galway² bei Weggehen
Wo fährt der Bus nach ... (gewöhnlich) ab?

... mit dem Fahrrad

Radeln ist unter jungen Irlandreisenden sehr beliebt. Es besteht die Möglichkeit, das eigene Fahrrad mitzubringen, eines in Irland zu kaufen und dann zu verkaufen oder auch ein Fahrrad zu mieten. Zu beachten ist, dass die Straßen schmal und voller Schlaglöchern sind. Vor allem an der Küste ist es gebirgig und regnet häufig. Wen das nicht abschreckt, der wird einen tollen Fahrradurlaub erleben und massenweise Gleichgesinnte treffen.

rothar (*m1*, **rothair**)	rohèr	Fahrrad

Tá mé ag rothaíocht timpeall na hÉireann.
tå mee'g rohiiè̶e̶h̶t̶ timpèl né heerèn
bin ich bei Radfahren herum das Irland²
Ich radele um Irland herum.

Unterwegs ...

Tá mo rothar briste.
tå mo rohėr brischtė
ist mein Fahrrad kaputt
Mein Fahrrad ist kaputt.

... mit dem Auto/Motorrad

Die Anreise mit dem eigenen Auto ist wegen der Fähren sehr teuer. Billiger ist die Überfahrt mit dem Motorrad.

Das folgende Vokabular kann man an Tankstellen in der **Gaeltacht** anwenden. Aber auch hier kann es sein, dass jemand von außerhalb die Tankstelle betreibt und kein Irisch spricht.

Auto	**carr** *(m1,* **-anna***)*	kår
Motorrad	**gluaisrothar** *(m1,* **gluaisrothair***)*	gluschrohėr
Tankstelle	**stáisiún peitril** *(m,* **-siúin ...***)*	ståschuun petril
Benzin	**peitreal** *(m)*	petrėl
Werkstatt	**garáiste** *(m4,* **garáistí***)*	garåschtė

Ba mhaith liom peitreal.
ba wa l|om petrėl
wäre gut mit-ich Benzin
Ich möchte Benzin.

... dhá lítear de pheitreal.
... ghrå liiter dė fetrėl
... zwei Liter von Benzin
... zwei Liter Benzin.

... luach ceithre euro de pheitreal.
... luėch kerė juro dė fetrėl
... Wert vier Euro von Benzin
... Benzin für € 4,-.

Unterwegs ...

Líon go bruach le peitreal é, más é do thoil é.
liïèn go brueëh lé petrél ee, måsch ee do ho'l ee
fülle zu Rand mit Benzin es, wenn-ist es dein Wille es
Volltanken, bitte.

In der Republik Irland sind Hinweisschilder generell zweisprachig - mit Ausnahme der **Gaeltacht**, wo sie nur irischsprachig sind.

Géill slí	gee'l schlii	*Vorfahrt beachten!*
Cosc ar pháirceáil	kosk er få'rkå'l	*Parken verboten!*
Carrchlós	kårehloos	*Parkplatz*
Aire	a'rè	*Vorsicht!*
Fir ag obair	fir eg obè'r	*Baustelle*
Tiomáin go mall	t'omå'n go mål	*Langsam fahren!*

Páistí ag gabháil trasna!
påschtii eg gå'l trasnè
Kinder bei Gehen herüber
Achtung Kinder!

Im Raum Dublin sieht man auf Schildern statt carr *auch das Wort* gluaisteán *(m1, gluaisteáin)* „gluschtån" *(Auto, abgeleitet von* gluais *= „bewegen").*

trampen

Unter Trampern hat Irland einen guten Ruf. Nach meiner eigenen Erfahrung kommt man etwa so schnell voran wie in Deutschland, in manchen Gegenden besser, in anderen schlechter. Allerdings scheinen viel mehr Iren den guten Willen zu haben, jemanden mitzunehmen, als es bei uns der Fall ist. Viele geben durch Handzeichen zu verstehen, dass es ihnen furchtbar leid tut, dass das Auto voll ist oder sie nur bis zur nächsten Kreuzung fahren.

Unterwegs ...

síob (*w2*, **-a**)	Mitfahrgelegenheit
schiieb	
síobshiúlóir (*m3*, **-í**)	Tramper
schiieb-h|uulooˈr	

Das Trampen in der Gaeltacht bietet die Gelegenheit zu einem Plausch mit Einheimischen. Am besten beginnt man eine Konversation mit Dia dhuit, *oder* Cén chaoi a bhfuil tú? *um zu zeigen, dass man etwas Irisch spricht und um sich zu versichern, dass der Angesprochene der Sprache mächtig ist.*

Hier ein Satz laut Wörterbuch und wie man ihn in der **Gaeltacht** wirklich sagt:

Tá mé ag síobshiúl.
tå meeˈg schiieb-h|uul
bin ich bei Trampen
Ich trampe.

Tá mé ag hitch-hike'áil.
tå meeˈg hitsch-heikåˈl
bin ich bei Trampen
Ich trampe.

Síobshiúlaim go dtí an Spidéal.
schiieb-h|uulim go dii ˈn spideel
trampen-ich nach Spiddle
Ich trampe nach Spiddle.

Fuair mé síob.
fueˈr mee schiieb
bekam ich Mitfahrgelegenheit
Ich wurde mitgenommen.

An féidir leat síob a thabhairt dhom go dtí an Spidéal?
eˈ feediˌr liˌat schiieb a hooˈrt eh·rom go dii eˈ spideel
FP möglich mit-du Mitfahrgelegenheit P Geben zu-ich zu das Spiddle
Können Sie mich nach Spiddle mitnehmen?

Die Partikel dtí *steht immer dann, wenn nach* go *ein Artikel folgt.*

Ba mhaith liom dul go dtí an Clochán.
ba wa l|om dul go dii ˈn kloeh·ån
wäre gut mit-ich Gehen zu P das Clifden
Ich möchte gerne nach Clifden.

Übernachten

Preiswerte Übernachtungsmöglichkeiten sind in Irland dicht gesät: Privatunterkünfte mit Frühstück (**B&B** = „Bed and Breakfast"), offizielle Jugendherbergen (**An Óige**) und private (**Independent Hostel Owners**) und einige Campingplätze bieten billige Schlafmöglichkeiten mit mehr oder weniger Komfort. Oftmals kann man auf dem Gelände von Jugendherbergen zelten und verbilligt Küche und Waschraum mitbenutzen. Wildes Campen ist möglich, man sollte aber eventuelle Besitzer fragen.

Übernachtungsmöglichkeiten in der Gaeltacht können auch von Zugezogenen betrieben werden, die kein Irisch sprechen. Verzweifeln Sie also nicht, wenn sie auf eine irische Frage die Antwort „Sorry, I don't speak German." erhalten.

Ist man nun in einem **Gaeltacht**-Gebiet und möchte Irisch sprechen, so ist „Bed and Breakfast" zu empfehlen. Hier ist das große, traditionelle Frühstück stets in der Übernachtung inbegriffen. Darüber hinaus bieten **B&B**'s auch weitere Mahlzeiten an. In einem Ort in der **Gaeltacht** könnte man zum Beispiel in einem Laden nach einem **B&B** fragen.

nach einer Unterkunft suchen

láthair champála *(w)*	låhèir champålè	Campingplatz
brú *(w4, -nna)*	bruu	Herberge
An Óige	èn ooigè	Jugendherbergsverband
lóistín *(m4, -í)*	looschtiin	Unterkunft *(auch* B&B*)*
óstán *(m1, óstáin)*	oostån	Hotel

Übernachten

Cá bhfuil B and B ar fáil go háitiúl?
kå wil bi ėnd bi er få'l go håt'uul
wo ist B und B auf Bekommen örtlich
Wo gibt es hier am Ort eine Bett-und-Frühstück-Unterkunft?

An féidir campáil anseo / ansin?
ė' feedir kampå'l ėnsch<u>o</u>/ėnsch<u>i</u>n
FP möglich Campen hier / dort
Ist es möglich, hier zu campen?

Jugendherbergen bieten selten etwas zu Essen an. Dafür sind sie stets mit einer Gemeinschaftsküche ausgerüstet, so dass man sich preiswert selbst versorgen kann und beim Kochen oft noch andere Reisende kennenlernt.

An labharíonn siad Gaeilge ann?
ė' lauriiėn schiėd gʷeelge ån
FP sprechen sie Irisch dort
Sprechen sie dort Irisch?

An bhfuil brú óige san áit seo?
ė' wil bruu oo'gė san å't scho
FP ist Herberge Jugend² in-der Ort dieser
Gibt es hier im Dorf eine Jugendherberge?

ankommen

Ba mhaith liom fanacht anseo.
ba wa lʲom fanėėht ėnsch<u>o</u>
wäre gut mit-ich Bleiben hier
Ich möchte hierbleiben.

... ar feadh oíche/dhá oíche.
... er fä iichė/ehrå iichė
... auf Dauer Nacht/zwei Nacht
... für eine Nacht/zwei Nächte.

Übernachten

An bhfuil seomra dhom agat?
è' wil schoomrè chrom agèt
FP ist Zimmer zu-ich bei-du
Haben Sie ein Zimmer für mich?

Cé mhead a chosnaíonn sé?
kee ved è chosnièn schee
welche Menge P kostet es
Wie viel kostet es?

seomra (*m4*, **-í**)	schoomrè, schuumrè	*Zimmer*
seomra folctha	schoomrè folkè	*Badezimmer*
seomra suí	schoomrè sᵘii	*Wohnzimmer*
seomra bia	schoomrè biè	*Esszimmer*
seomra singil	schoomrè schingil	*Einzelzimmer*
seomra dúbailte	schoomrè duubailte	*Doppelzimmer*
cistin (*w2*, **-eacha**)	kischtin	*Küche*
puball (*m1*, **pubaill**)	pubèl	*Zelt*
cith (*m*, **ceathanna**)	ki	*Dusche*
leaba (*w*, **leapacha**)	lʲäbè	*Bett*
leaba shingil	lʲäbè schingil	*Einzelbett*
leaba dhúbailte	lʲäbè chruubailtè	*Doppelbett*
bean an tí	bän è' tii	*Frau des Hauses*
fear an tí	fär è' tii	*Mann des Hauses*

Essen & Trinken

Essen & Trinken

Irland ist kein Land, in das man wegen kulinarischer Genüsse fährt. Die Küche der Iren ist traditionell sehr einfach. Allerdings wächst nicht zuletzt durch den zunehmenden Tourismus die Zahl der Restaurants. Eher eine Art Selbstbedienungsrestaurant ist das, was als **Coffee Shop**, **Café** oder **Caife** bezeichnet wird. Warmgehaltene Gerichte hinter Glas sind dort oft ebenso zu haben wie verschiedene Gebäckarten, Sandwiches, Tee und Kaffee. Daneben bieten einige **Pubs** mittags ein bis zwei warme Gerichte an, die meist recht preiswert sind. Gekennzeichnet sind solche Gaststätten meist mit dem Schild **Pub Grub**. Vor allem in den Städten sind die **Take Away's** oder **Chippers**, die **Fish-and-Chips**-Buden, an jeder Straßenecke zu finden. Etwas seltsam mutet die Sitte an, Essig auf Pommes frites zu gießen.

In den Dörfern gibt es kleine Läden und manchmal Supermärkte. Geöffnet haben Lebensmittelgeschäfte sieben Tage in der Woche, meist bis in die Nacht hinein.

bialann (*w2*, **-ainne**)	biëlën	Restaurant
caife (*m4*, **-fí**)	kafë	Café, Imbiss
biachlár (*m1*, **biachláir**)	biëchlår	Speisekarte
bia (*m4*)	bië	Essen
deoch (*w*, **-anna**)	d~~ioch~~	Getränk

Essen & Trinken

Frühstück

Das Frühstück (**bricfeasta** *(m4)* brikfästé) besteht aus Cornflakes, Porridge oder Müsli. Danach folgt gebratener Schinkenspeck mit Spiegeleiern und den kleinen irischen Würstchen. Dazu gibt es Toast, Butter, Tee und Orangensaft und Marmelade. Natürlich isst kaum eine irische Familie täglich ein solches Frühstück. Das alltägliche Frühstück ist „Continental", besteht aus Müsli oder ähnlichem, Toast und natürlich Tee.

calóga arbhair *(m1)*	kaloogé aru'r	*Getreideflocken*
leite *(f4)*	leté	*Porridge*
bagún *(m1)*	baguun	*Schinkenspeck*
ubh *(w2, uibheacha)*	uw (ivéehii)	*Ei (Eier)*
ubh fhriochta	uw rieehté	*Spiegelei*
ubh scrofa	uw skrofé	*Rührei*
ubh bhogbhruite	uw wogwru'té	*weichgekochtes Ei*
ubh chruabhruite	uw ehruéwru'té	*hartgekochtes Ei*
ispín *(m4, -í)*	ischpiin	*Würstchen*
putóg dhubh *(w2, -a dubha)*	putoog ehruw	*Blutwurst* (black pudding)
putóg gheal *(w2, -a geala)*	putoog jäl	*Presssack* (white pudding)
arán *(m1, aráin)*	arån, 'rån	*Brot*
tósta *(m4)*	toosté	*Toast*
im *(m)*	iim	*Butter*
marmaláid *(w2)*	marmélå'd	*Marmelade*
subh *(w2)*	suw	*Konfitüre*

„Presssack" oder „Presskopf" ist eine aus Schweins- oder Kalbsköpfchen mit Schwarten gekochte und in einem Darm oder Schweinemagen abgefüllte Wurstart.

Essen & Trinken

Lunch

Der Lunch (**lón** (*m1*) loon) hat in Irland die Bedeutung eines Imbiss, der meistens gegen Mittag eingenommen wird. Oft besteht er aus Sandwiches. In Irland wird meistens ungetoastetes Toast-Brot gegessen. Das Toast-Brot heißt in Irland übrigens erst dann „Toast", wenn es aus einem Toaster herausspringt. Das andere in Irland erhältliche Brot ist „Brown Bread" oder **arán donn** arån doon, ein leckeres, oft selbstgebackenes Brot.

Neben Käse, Schinken oder Tunfisch kommt allerlei auf die Sandwiches, wie Salat, Ei, Mayonnaise, Senf usw.

ceapaire (*m4*, **ceapairí**)	käpèrè	Sandwich
cáis (*w2*)	kåsch	Käse
liamhás (*m1*)	liewås	Schinken
sailéad (*m1*)	salleed	Salat
leitís (*w2*)	letiisch	Kopfsalat

Dinner

Zum Essen wird stets Wasser und Brot gereicht. Nach dem Essen wird Tee (und manchmal Kaffee) getrunken.

Das Dinner (**dinnéir** (*m1*) dineer) ist in Irland die Bezeichnung für die große, warme Mahlzeit. Oft gibt es das Dinner während der Woche abends und am Wochenende oder zumindest am Sonntag statt des Lunch zu Mittag. Es besteht aus mehreren Gängen, beginnend mit einer Suppe, gefolgt vom Hauptgericht, welches meistens aus Fleisch, Kartoffeln und Gemüse besteht, und endet mit einer süßen Nachspeise.

Essen & Trinken

anraith (*m4*, **-í**)	anré	*Suppe*
stobhach (*m*, **stobhaigh**)	stowèch	*Eintopf*
práta (*m4*, **prátaí**)	práté	*Kartoffel*
feoil (*w3*)	fiooʹl	*Fleisch*
glasraí (*m*)	glasríi	*Gemüse*
anlann (*m1*, **anlainn**)	anlën	*Sauce*
milseog (*w2*, **-a**)	milschoog	*Nachspeise*
píóg úll (*w2*, **-a úll**)	piioog uul	*Apple Pie*
uachtar reoite (*m*)	uëchtër rooʹté	*Eiscréme*

Teezeit

Die Teezeit (**am tae** (*m*) am tee) ist eine eigene Mahlzeit, die irgendwann am späteren Nachmittag abgehalten wird. Im Gegensatz zu unserem „Kaffee und Kuchen" wird zur Teezeit vor allem herzhaftes (neben Sandwiches auch „Baked Beans"oder Spiegelei) gegessen. Oft gibt es aber auch Plätzchen oder „Scones" (ein brötchenartiges Buttergebäck).

Dialektvariante:
In Connemara heißt
„Kartoffel" fata „faté"
(m4, fataí w).

bonnóg, sconnóg (*w2*, *-a*)	bonoog, skonoog	*Scone*
briosca (*m4*, **brioscaí**)	brieské (brieskíi)	*Plätzchen (Ez/Mz)*

Supper

Supper (**suipéar** (*m1*) suʹpeer), ein leichtes Abendessen, kann aus Plätzchen und Tee, Spiegelei, Sandwiches usw bestehen. Ein abends oder nachts eingenommenes Lunch würde oft als Supper bezeichnet werden.

Essen & Trinken

etwas zu essen bestellen

Die folgenden Sätze lassen sich überall dort anwenden, wo man isst, bestellt ... und Irisch spricht!

An bhfuil bia ar fáil anseo?
é' wil bié er få'l énscho
FP ist Essen auf Bekommen hier
Gibt es hier etwas zu essen?

Céard atá le hithe agaibh?
keerd étá lé hihé agiv
was das ist mit Essen bei-ihr
Was gibt es bei euch zu essen?

Tabhair dhom an biachlár, más é do thoil é.
tooir ehrom é' biechlår, måsch ee do ho'l ee
gib zu-ich die Speisekarte, wenn-ist es dein Wille es
Gib/geben Sie mir die Speisekarte, bitte.

Ba mhaith liom bricfeasta, más é do thoil é.
ba wa l¦om brikfästé, måsch ee do ho'l ee
wäre gut mit-ich Frühstück, wenn-ist es dein Wille es
Ich hätte gerne Frühstück, bitte.

Sollte etwas fehlen, kann man wie folgt darum bitten:

Tá siúcre uaim, más é do thoil é.
tå schuukré wem, måsch ee do ho'l ee
ist Zucker von-ich, wenn-ist es dein Wille es
Ich brauche Zucker, bitte.

Essen & Trinken

Oft wird man gefragt, ob man nach dem Essen Tee oder Kaffee will:

🌀 **Cé acu is fearr leat, tae nó caife?**
kee aku is fiår liät, tee noo kafé
was von-sie ist besser mit-du, Tee oder Kaffee
Was magst du lieber, Tee oder Kaffee?

🌀 **Is fearr liom caife.**
is fiår liom kafé
ist besser mit-ich Kaffee
Ich mag lieber Kaffee.

🌀 **Cén saghas ceapairí atá agaibh?**
keen sais kiäpëirii etå agiv
was-die Sorte Sandwiches die-ist bei-ihr
Welche Art von Sandwiches habt ihr/haben Sie?

Sitzt man mit mehreren Personen an einem Tisch, möchte man vielleicht jemanden bitten, einem etwas zu reichen:

🌀 **Tabhair dhom an t-im, más é do thoil é.**
tooir ehrom e' tiim, måsch ee do hoil ee
gib zu-ich die Butter, wenn-ist es dein Wille es
Reich mir bitte die Butter.

🌀 **Seo dhuit.**
scho dhrit
hier zu-du
Bitte sehr!

Essen & Trinken

salann (*m1*)	salén	Salz
piobar (*m1*)	pibėr, pepėr	Pfeffer
fínéagar (*m1*)	fiineegėr	Essig
siúcra (*m4*)	schuukrė	Zucker

gréithe agus sceanra	greehė agės schkänrė	Geschirr und Besteck
scian (*w3*, **sceana**)	schkiėn	Messer
forc (*m1*, **foirc**)	fork	Gabel
spúnóg (*w2*, **-a**)	spuunoog	Löffel
spúnóg bheag (*w2*, **-a beaga**)	spuunoog vʲog	Teelöffel
spúnóg mhór (*w2*, **-a móra**)	spuunoog woor	Esslöffel
pláta (*m4*, **-í**)	plåtė	Teller
gloine (*w4*, **gloiní**)	glʲuinė	Glas
cupán (*m1*, **cupáin**)	kupån	Tasse
pota (*m4*, **-í**)	potė	Kanne

bezahlen

Übrigens ist es in Irland nur in Restaurants üblich, ein Trinkgeld zu geben!

Ba mhaith liom íoc, más é do thoil é.
ba wa lʲom iiėk, måsch ee do holʲ ee
wäre gut mit-ich Zahlen, wenn-ist es dein Wille es
Ich möchte gerne zahlen, bitte.

Sin cúig euro tríocha.
schin kuuʲg juro triiėhė
dies fünf Euro dreißig
Das macht € 5.30.

Essen & Trinken

Getränke

Ist Irland auch nicht gerade berühmt für sein Essen, so sieht es beim Trinken doch ganz anders aus, nicht zuletzt seit irische Pubs in ganz Europa ihren Siegeszug antreten und irische Biere in immer mehr Kneipen zu haben sind.

nichtalkoholische Getränke:

uisce (*m4*)	ischke	Wasser
tae (*m4*)	tee	Tee
caife (*m4*)	kafé	Kaffee
bainne (*w4*)	banje	Milch
sú (*m4*, **-nna**)	suu	Saft
sú oráiste (*m4*)	suu oråschte	Orangensaft
líomanáid (*w2*)	liimenåid	Limonade
cóc (*m1*)	kook	Cola

Wasser wird eigentlich zu allen Mahlzeiten gereicht und kostet nichts. Man kann es auch im Pub kostenlos bekommen. Im Restaurant wird es manchmal automatisch zum Essen serviert.

Bier

beoir (*w*, **beoracha**)	bjoor	Bier
leann (*m3*, **-a**)	län	Bier *(eher „ale")*
lágar (*m1*, **lágair**)	låger	helles Bier
pórtar (*m1*, **pórtair**)	poorter	sehr dunkles Bier

Guinness ist ein „stout" und wird in Connemara meist als **pórtar** (engl. „porter") bezeichnet. Vor allem im Süden gibt es zudem noch die stouts Murphy's und Beamish. Harp ist ein **lágar** (engl. „lager"). Smithwicks (ein „ale",

Essen & Trinken

ausgesprochen Smithicks) kennt man außerhalb Irlands als „Kilkenny".

Die Maßeinheiten von Bier sind:

Statt leathphíonta *kann man auch* gloine *sagen.*	**pionta** (*m4*, **-í**)	pinté	Pint (0,57 l)
	leathphíonta (*m4*, **-í**)	läfinté	halbes Pint
	gloine (*w4*, **gloiní**)	gl⁾iné	Glas

Whiskey Das englische Wort „Whisky" oder „Whiskey" (in Irland) hat seinen Ursprung in dem alten gälischen Begriff **uisce beatha** (*m*) ischké bähé (= „Wasser des Lebens"), der noch heute gebräuchlich ist. Daneben existiert das Wort **fuisce** (*m4*) f⁾uischké. Irischer Whiskey ist herber als schottischer. Bei Erkältungen schwört man auf „hot whiskey" bzw. **fuisce te** f⁾uischké té (heißer Whiskey), der auch heißes Wasser, Nelken und Zucker beinhaltet.

Poitín **Poitín** (m4) potiin (engl. „poteen") ist ein illegal gebrannter, hochprozentiger Schnaps, der unter der Hand ausgeschenkt oder verkauft wird.

andere alkoholische Getränke

Cider, der auch als fíon úll *bezeichnet wird, ist sehr gängig, mit Wein sieht es etwas dürftiger aus.*	**fíon** (*m3*, **-ta**)	fiién	Wein
	fíon geal/ dearg	fiién giäl/ däreg	Weiß-/ Rotwein
	leann úll (*m*, **-a ...**)	län uul	Cider (Apfelwein)

Essen & Trinken

im Pub

Es gibt mehrere Wörter für „Kneipe"; hier eine Auswahl:

teach tábhaire	t∣äch täwë¹rnë	Haus Kneipe²
teach óil	t∣äch oo¹l	Haus Trinken²
teach leanna	t∣äch länë	Haus Bier²
teach ósta	t∣äch oostë	Haus Unterkunft²
pub	pub	Pub

Pub = „*Public House*"

Pubs haben in der Republik Irland von 10.30 bis 23.30 Uhr geöffnet. Zwischen Oktober und März schließen sie bereits um 23.00 Uhr. Sonntags sind die Öffnungszeiten von 12.30 bis 14.00 Uhr und 16.00 bis 22.00 Uhr. An die Zeiten hält man sich meist. Manchmal werden allerdings einfach die Türen verschlossen und die Gäste bleiben drin. Ein Pint Porter bestellt man wie folgt:

Auf Inseln, wo es meist keine Polizei gibt, werden die gesetzlichen Zeiten oft ignoriert. Tischbedienung ist unbekannt. Man holt sich seine Getränke an der Theke. Dafür ist allerdings auch kein Trinkgeld üblich.

🎵 **Pionta pórtair, más é do thoil é.**
pintë poortë¹r, måsch ee do ho¹l ee
Pint Porter², wenn-ist es dein Wille es
Ein Pint Porter, bitte.

🎵 **Pionta eile.**
pintë elë
Pint anderes
Noch eins. (*noch ein Bier*)

Vielleicht möchte man jemanden einladen. In diesem Fall fragt man:

céad tríocha a seacht | **137**

Essen & Trinken

An ólfaidh tú pionta? **Céard a ólfaidh tú?**
én oolhé tuu pinté   keerd 'oolhé tuu
FP trinken-wirst du Pint   *was das trinken-wirst du*
Trinkst du ein Pint mit? Was trinkst du?

Ólfaidh.
oolhé
trinken-werden
Ja.

Ní ólfaidh, go raibh maith agat.
nii oolhé, go ré' ma hagét
nicht trinken-werden, möge sein Gutes bei-du
Nein, danke.

Ólfaidh mé pionta Guinness.
oolhé mee pinté ginés
trinken-werde ich Pint Guinness
Ich trinke ein Pint Guinness.

Sláinte!   **Sláinte agus saol!**
slå¡nté   slå¡nté agés s⁺¡il
Gesundheit   *Gesundheit und Leben*
Prost!   Gesundheit und ein langes Leben!

Dieser Trinkspruch ist **Sláinte mhaith agus bás in Éirinn!**
vor dem Hintergrund slå¡nté wa agés bås in eerin
der massenhaften *Gesundheit gut und Tod in Irland*
Emigration aus Irland Mögest du gesund sein und in Irland sterben!
zu sehen.

Tá an fear seo ar meisce.
tå 'n fär scho er meschké
ist der Mann dieser auf Betrunkenheit
Dieser Mann ist betrunken.

Einkaufen

Einkaufen

Dieses Kapitel bietet Vokabular, um seine Einkäufe in **Gaeltacht**-Regionen auf Irisch tätigen zu können, was übrigens eine sehr gute Gelegenheit für einen kleinen Plausch ist. Wie schon erwähnt, gehen bei der irischsprachigen Bevölkerung das Irisch und das Englisch ineinander über.

Moderne Gebrauchsgegenstände werden auf Englisch benannt, obwohl die Wörterbücher Übersetzungen für die meisten modernen Begriffe parat halten. Diese Wörter sind künstlich entstanden, werden von der Gaeltacht-Bevölkerung oft nicht verstanden und verächtlich als „Book Irish" oder „Dublin Irish" bezeichnet.

siopa (w4, -í)	schopé	Laden
fear/	fär/	Verkäufer/-in
bean siopa	bän schopé	
ar oscailt	er oskë'lt	geöffnet
dúnta	duunté	geschlossen

🔊 **Céard atá uait?**   **Tá ... uaim.**
keerd etå wet   tå ... wem
was P-ist von-du   *ist ... von-ich*
Was brauchst du/   Ich brauche ...
brauchen Sie?

Dialektvariante: In Ulster heißt „Was brauchen Sie? – Ich brauche ...":
Goidé atá de dhíth ort?
...dé jii ort

🔊 **Ba mhaith liom ...**   **Tabhair dhom ...**
ba wa l̦iom ...   too'r ~~ehr~~om ...
wäre gut zu-ich   *gib zu-ich ...*
Ich möchte ...   Gib/geben Sie mir bitte ...

🔊 **Cé mhéad é seo?**   **Seo dhuit!**
kee veed ee scho   scho ~~chr~~it
was Menge es das   *dies zu-du*
Wie viel kostet dies?   Hier, bitte sehr!

Einkaufen

An bhfuil aon rud eile uait?
é' wil een rud elĕ wet
FP ist ein Ding noch zu-du
Sonst noch was?

Níl, go raibh maith agat.
niil, go rĕ' ma hagét
nicht-ist, möge sein Gutes bei-du
Nein, danke.

kleine Einkaufsliste

leabhar (*m1*, **leabhair**)	lʲaur	Buch
coinneal (*w*, **coinnle**)	koʲnĕl, kʲuinĕl	Kerze
léarscáil (*w*, **-eanna**)	leerskåʲl	Landkarte
cárta poist (*m*, **-í ...**)	kårtĕ poscht	Postkarte
gallúnach (*m*)	galuunĕch	Seife
peann (*m*, **pinn**)	pʲån	Stift
lasán (*m1*, **lasáin**)	lasån	Streichholz
páipéar leithris (*m*)	påʲpeer lerisch	Toilettenpapier
nuachtán (*m1*, **nuachtáin**)	nuĕchtån	Zeitung
toitín (*m4*, **-í**)	totiin, tetiin	Zigarette

Einkaufen

Lebensmittel

iasc *(m, **éisc**)*	iėsk	*Fisch*

oisre *(m4, **oisrí**)*	oschrė	*Auster*
breac *(m, **bric**)*	bräk	*Forelle*
cloicheán *(m1, **cloicheáin**)*	klochån	*Garnele*
ruacán *(m1, **ruacáin**)*	ruėkån	*Herzmuschel*
gliomach *(m, **gliomaigh**)*	glioméch	*Jakobsmuschel*
muirín *(m4, **-í**)*	muriin	*Hummer*
trosc *(m1, **troisc**)*	trosk	*Kabeljau*
portán *(m1, **portáin**)*	portån	*Krabbe*
bradán *(m1, **bradáin**)*	bradån	*Lachs*
diúilicín *(m4, **-í**)*	dʲuulikiin	*Miesmuschel*
colmóir *(m3, **-í**)*	kolmooʲr	*Seehecht*
faocha *(m, **faochain**)*	fʲuiehė	*Strandschnecke*
iasc geal *(m, **éisc gheala**)*	iėsk gäl	*Weißfisch*

éanlaith *(w2)*	eenlii	*Geflügel*

lacha *(w, **lachain**)*	lachė	*Ente*
piasún *(m1, **piasúin**)*	piésuun	*Fasan*
gé *(w4, **-anna**)*	gee	*Gans*
sicín *(m4, **-í**)*	schikiin	*Hähnchen*
turcaí *(m4, **turcaithe**)*	turkii	*Truthahn*

feoil *(w3)*	fʲooʲl	*Fleisch*

caoireoil *(w3, **caoireola**)*	kʲuiriooʲl	*Hammelfleisch*
cos caoireola *(w3, **-a ...**)*	kos kʲuiriooolė	*Hammelkeule*
uaineoil *(w3, **uaineola**)*	uénʲooʲl	*Lammfleisch*

Einkaufen

Lammkotlett	**gríscín uaineola** (m4, -í ...)	griischkiin ...-é
Rindfleisch	**mairteoil** (w3, **mairteola**)	ma'rtiooil
Schweinefleisch	**muiceoil** (w3, **muiceola**)	mukiooil
Vorderschinken	**gambún bagúin** (m1, **gambúin** ...)	gambuun baguuin

Gemüse	**glasraí**	glasrii

Blumenkohl	**cóilis** (w2)	koolisch
Erbse	**pís** (w2, -eanna)	piisch
Gurke	**cúcamar** (m1, **cúcamair**)	kuukaṁér
Karotte	**meacán dearg** (m1, **meacna** ...-a)	mjäkån däreg
Kohl	**cabáiste** (m4)	kabåschté
Pastinake	**meacán bán** (m1, **meacna** ...-a)	mjäkån bån
Petersilie	**peirsil** (w2)	perschil
Pilz	**beacán** (m1, **beacáin**)	bjäkån
Tomate	**tráta** (m4, -í)	tråté
Zwiebel	**oinniún** (m1, **oinniúin**)	onjuun

Früchte	**torthaí** (m4, Mz)	torhii

Apfel	**úll** (m1, -a)	uul
Birne	**piorra** (m4, -í)	piré
Brombeere	**sméar dhubh** (w2, -a dubha)	smeer ~~ehr~~uw
Erdbeere	**sú talún** (w4, -tha ...)	suu taluun
Himbeere	**sú craobh** (w4, -tha ...)	suu krujiw, ...krujiu
Kirsche	**silín** (m4, -í)	schiliin

Tanz & Musik

Tanz & Musik

Irland wird oft mit seiner Folk-Musik und seinen -Tänzen assoziiert, die lebendig sind wie in kaum einem anderen Land Europas. Jährlich finden in Irland Dutzende Folk-Festivals statt, die von Menschen aus aller Welt besucht werden. Abgesehen davon ist es nicht ungewöhnlich, in Pubs Live-Musik zu hören. Manchmal singen auch Pub-Besucher, und oft verstummen die Gespräche, und alle hören zu. Eine alte Volksmusikrichtung ist das **sean-nós** schän-noos, ein uns fremd anmutender, beinahe orientalisch klingender Klagegesang, fernab von den populären Trinkliedern. Diese Musik hört man häufig auf **Raidió na Gaeltachta** radjoo në gueeltachtë, dem landesweit sendenden irischsprachigen Rundfunksender.

ceol (*m1*)	k'ool	Musik
ceoltóir (*m3, -í*)	k'ooltoo'r	Musiker
amhrán (*m1*, **amhráin**)	orån	Lied
amhránaí (*m4*, **amhránaithe**)	orånii	Sänger
traidisiúnta	tradjschuuntë	traditionell
nua-aimseartha	nuë-ämschirë	modern
seisiún (*m1*, **seisúin**)	seschuun	Session

Tanz & Musik

Tá sí ag gabháil amhráin.
tå schii'g gå'l orå'n
ist sie bei rezitieren Lied²
Sie singt ein Lied.

Man kann aufgefordert werden, ein Lied zu singen:

Scaoil amhrán chugainn!
sk^uil orån chugé'n
freilassen Lied zu-wir
Sing uns ein Lied!

Croch suas é!
kroch suès ee
hänge runter es
Sing uns ein Lied!
(in der Connacht)

Abair amhrán dúinn!
abé'r orån duu'n
sage Lied zu-wir
Sing uns ein Lied!
(in Ulster)

Cas amhrán!
kas orån
wende Lied
Sing ein Lied!
(in Munster)

Nach einem Lied, aber auch schon nach einzelnen Versen, setzt eine Welle des Lobes ein. Es werden Sprüche gerufen wie:

Maith an bhean/fear/cailín/buachaill!
ma é'wän/fär/kaliin/bueché'l
gut die Frau/Mann/Mädchen/Junge
Gute(r, -s) Frau/Mann/Mädchen/Junge!

Maith thú!
maj huu
gut du
Gut gemacht! *(in Ulster)*

Mo cheol thú!
mo ch'ool huu
meine Musik du
Gut gemacht!

Tanz & Musik

Musikinstrumente

bosca ceoil *(m, -í ...)*	boskė kool	*Akkordeon*
feadóg stáin *(w, -a ...)*	fädoog ståᶦn	*Blechflöte („Tin Whistle")*
píb uilleann *(w, píoba ...-acha)*	piib ilén	*irischer Dudelsack*
fliúit *(w2, -eanna)*	flⁱuuᶦt	*Flöte*
fidil *(w, fidleacha)*	fidil	*Geige*
giotár *(m, giotáir)*	gⁱetår	*Gitarre*
cláirseach *(w, -a)*	klåᶦrschèeh	*Harfe*
bodhrán *(m1, bodhráin)*	boorån	*irisches Tamburin*

An seinneann tú ar an bpíb uilleann?
è' schenėn tuu er è' biib ilén
FP spielst du auf die Pfeife Ellenbogen²
Spielst du den Dudelsack?

An feadóg stáin é sin?
è' fädoog ståᶦn ee schin
FP Flöte Blech² es dies
Ist dies eine Tin Whistle?

Volkstänze werden auf einem **Céilí** getanzt. **Céilís**, so die Mehrzahl im englischen Sprachgebrauch, finden in ganz Irland häufig statt, z.B. in Pubs, Hotels, öffentlichen Hallen. Außerdem werden häufig sogenannte **Céilí** Workshops angeboten, in denen man einige Schritte und Tänze erlernen kann.

céilí *(m4, céilithe)*	keelii	*Volkstanzveranstaltung*
damhsa *(m4, -í)*	dausė	*Tanz*
rince *(m4, rincí)*	rinkė,	*Partner*
páirtí *(m4, -tithe)*	pårtii	

Tanz & Musik

An bhfuil an damhsa seo agat?
é' wil é' dausé scho agét
FP ist der Tanz dieser bei-du
Kannst du diesen Tanz?

Níl mé in ann damhsa.
niil mee in ån dausé
nicht-bin ich in darin Tanzen
Ich kann nicht tanzen.

An ndéanfaidh tú an damhsa seo liom?
é' njeenhé tuu én dausé scho l¦om
FP machen-wirst du der Tanz dieser mit-ich
Wirst du diesen Tanz mit mir tanzen?

Taispáin dhom na stepeanna, más é do thoil é!
taschpåin ~~chr~~om né stepénii, måsch ee do ho¦l ee
zeige zu-ich die Schritte, wenn-ist es dein Wille es
Zeig mir bitte die Schritte!

Häufig werden auf **Céilís** sogenannte „Sets"
getanzt, in denen vier Paare tanzen und sich
jeweils zwei Paare gegenüber stehen.

Tanz & Musik

Hier einige Kommandos mit ihrer englischen
Übersetzung und kurzen Erläuterungen:

Siúil timpeall!   **Timpeall an tí!**
schuu'l timpél   timpél é' tii
lauf herum   *herum das Haus[2]*
„Lead around!"   „Around the house!"

Die Paare tanzen einmal im Kreis und kehren zur Ausgangsposition zurück.

Isteach is amach!
ischtiäch is émach
hinein und heraus
„Advance and retire!"

Die Paare tanzen in das Kreisinnere und wieder heraus.

Luascadh!   **Ar ais abhaile!**
luéské   er äsch éwa'lé
swingen   *auf zurück nach-Hause*
„Swing!"*(rasches Drehen)* „Back home!"

Die Paare kehren zur Ausgangsposition zurück.

Gach éinne!
gåch eenié
jede Person
„Everybody!"

Dies ist das Signal, dass jeder gemeint ist.

Tanz & Musik

Slabhra na mban!
slaurë nё man
Kette die Frauen²
„Ladies' chain!"

Die der Musik zugewandten Paare heißen baranna „barënii" (engl. „tops"), die anderen beiden Paare heißen taobhanna „tʰiiwёnii" (engl. „sides").
Am Ende von Musik- oder Tanzveranstaltungen jeder Art wird oft die Nationalhymne, das Amhán na bhFiann „orån ně viёn" (Lied der Soldaten) gespielt. Dazu stehen alle auf und die, die es können, singen mit. Am Ende des Liedes wird geklatscht und gejubelt.

Die Hände der Frauen treffen sich in der Mitte und laufen einmal im Kreis herum zurück zur Ausgangsposition; Die Männer bleiben passiv.

Siúil tríd!
schuuil triid
laufe durch-es
„Walk through!"

Die Frau geht unter den hochgehaltenen Armen des gegenüberstehenden Paares hindurch, der Mann geht daneben vorbei.

I dtreo an chloig!
i droo 'n chloig
in Weg die Uhr²
„Clockwise!"

Im Uhrzeigersinn tanzen.

In aghaidh an chloig!
in aj 'n chloig
in Vorderseite die Uhr²
„Anticlockwise!"

Entgegen dem Uhrzeigersinn.

Politik

Politik

In der irischen Politik gibt es viele politische Begriffe in der offiziellen Landessprache, die auch im Englischen benutzt werden. Hier sind einige Begriffe, auf die man in den Medien stoßen wird:

Taoiseach (m)	tuischéeh	Premierminister
Tánaiste (m)	tånéschté	Vizepremierminister
Teachta Dála (m)	täehté dålé	Abgeordneter

Teachta Dála (Vertreter des Parlaments) werden **T.D.** abgekürzt. Die englische Abkürzung „MP" (Member of Parliament) ist ungebräuchlich. Das irische Parlament, **an tOireachtas**, é' to'réehtés (die Versammlung), gliedert sich in zwei Kammern:

Dáil Éireann (w)   **Seanad Éireann** (m)
dål eerén   schänéd eerén
Unterhaus Irlands   Oberhaus Irlands

Weitere Regierungsstellen sind:

Bord na Gaeilge bord né gueelgé	Aufsichtsrat für irische Sprache
Bord Fáilte bord fålté	Aufsichtsrat für Fremdenverkehr

Politik

Der Repräsentant des Staates ist der Präsident, **Uachtarán**, dessen Titel aber auch auf Englisch („President") gebräuchlich ist.

Die beiden großen Parteien Irlands stammen von **Sinn Féin** schin fee'n (wörtl. „wir selbst") ab. Dieser Name wird heutzutage von jener Partei benutzt, die als politischer Flügel der IRA angesehen wird.

Die ursprüngliche **Sinn Féin** hat sich über die Frage, ob man im Hinblick auf die Unabhängigkeit von Großbritannien zunächst die Abtrennung Nordirlands akzeptieren sollte, gespalten. Die Befürworter der (vorläufigen) Teilung gewannen in dem daraus resultierenden Bürgerkrieg (1923) die Oberhand. Von ihnen stammt die Partei **Fine Gael** finé g^ueel (Sippe der Gälen) ab. Die Gegner wurden nach den Jahren der Haft zu Realpolitikern und gründeten **Fianna Fáil** fiéné få'l (Soldaten der Vorsehung), die in der Geschichte der Republik meistens die Regierung stellte.

Beide Parteien sind konservativ. Die anderen Parteien (z. B. „Labour Party, Progressive Democrats" usw.) übersetzen ihre Namen in irischen Texten.

Bank, Post & telefonieren

In der **Gaeltacht** kann man in Banken und Postämtern unbesorgt Irisch sprechen. Es kann aber auch dort durchaus sein, dass ein Angestellter des Irischen nicht mächtig ist. Außerhalb der **Gaeltacht** weisen manchmal Schilder darauf hin, dass ein bestimmter Angestellter Irisch spricht. Rein theoretisch kann man in allen Postämtern der Republik Irisch sprechen, und manchmal liegen sogar Listen mit postspezifischem irischem Vokabular aus. In der Praxis werden die Angestellten von dem Versuch, mit ihnen Irisch zu sprechen, jedoch nicht gerade begeistert sein. Ich rate daher, auf Postämtern und Banken außerhalb der Gaeltacht nur dann Irisch zu sprechen, wenn ein Schild (z.B. **Gaeilge agus fáilte**) ausdrücklich darauf hinweist, dass der Angestellte dazu bereit ist.

Rein theoretisch ist das Irische in allen Lebensbereichen einsetzbar. In der Praxis jedoch sind die Gelegenheiten, Irisch zu sprechen, selten. Einfacher und üblicher ist es, Bank- und Postangelegenheiten auf Englisch abzuwickeln. Es gibt aber dennoch Möglichkeiten, auch hier sein Irisch auszuprobieren, wenn man will.

Bank

In der **Gaeltacht**, so wie in den ländlichen Gebieten der Westküste, sind Banken dünn gesät, Geldautomaten braucht man nicht zu suchen. Oft versorgt ein Bankbus diverse Dörfer. Gibt es eine Bank, so ist sie in den meisten Fällen nur an ein paar Tagen in der Woche, und dann nur für einige Stunden geöffnet.

Übrigens führen immer wieder radikale Sprachaktivisten Kleinkriege gegen alle möglichen Institutionen, etwa weil sie keine Formulare auf Irisch bekommen, wie es laut Verfassung sein sollte.

Bank, Post & telefonieren

Irische und Touristen-Währung:

Punt *(m1,* **puint***)*	punt	Pfund
Pingin *(w2,* **pingine***)*	pinjin, piin	Penny
pingine wird nach Zahlen benutzt. **pingine**	pinjiné, piiné	Penny
z.B. **cúig phingine**	kuu'g finjiné	5 Pence
seic taistil *(m, -eanna ...)*	schek taschtil	Reisescheck
seic-chárta *(m4, -í)*	schek chårté	Scheckkarte
cárta creidmheasa *(m4, -í ...-í)*	kårté kredvésé	Kreditkarte

Euro wird wie im Englischen juro ausgesprochen, **Cent** sent. Vor der Einführung des Euro galt in Irland das Irische Pfund. Nach wie vor wird in Nordirland mit Pfund und Penny bezahlt.

Ba mhaith liom an seic seo a bhriseadh.
ba wa l|om é' schek scho' vrisché
wäre gut mit-ich der Scheck dieser zu Brechen
Ich möchte diesen Scheck einlösen.

Cé mhéad atá ar an bPunt Sasanach?
kee veed etå er é' bunt sasénéch
was-die Menge die-ist auf das Pfund englisch
Wie viel ist das Pfund Sterling wert?

... ar Franc na hÉilvéise?
... er frank né heelveesche
... auf Franken die Schweiz²
... die Schweizer Franken?

152 | céad caoga a dó

Bank, Post & telefonieren

Ba mhaith liom trí chéad bPunt Sasanach mhalartú.
ba wa l'om trii cheed bunt sasénéeh é walértuu
wäre gut mit-ich drei hundert Pfund englisch zu eintauschen
Ich möchte 300,- Pfund Sterling eintauschen.

auf der Post

Die irische Post trägt den einfachen Namen **An Post** é' post, der nicht ins Englische übersetzt wird. In den Dörfern der **Gaeltacht** und auch anderswo auf dem Lande ist das Postamt oft in einen Laden integriert. Zusammen mit Brot und Butter kann man dann gleich seine Briefmarken kaufen.

oifig an phoist (w)	ofig é' foscht	*Postamt*
bosca litreacha (w, -í ...)	boské litréehii	*Briefkasten*
litir (w, -treacha)	litir	*Brief*
stampa (m4, -í)	stampé	*Briefmarke*

Ba mhaith liom an litir seo a chur chuig an Ghearmáin.
ba wa l'om é' litir scho' chur chig é' järémå'n
wäre gut mit-ich der Brief dieser zu Schicken zu das Deutschland
Ich möchte diesen Brief nach Deutschland schicken.

Bank, Post & telefonieren

Hoffentlich antwortet man nicht mit:

Tá brón orm ach tá an Post ar stailc.
tå broon orém ach tå 'n post er sta¦lk
ist Trauer bei-ich aber ist die Post auf Streik
Es tut mir leid, aber die Post streikt gerade.

Neben teileafón *existiert vor allem unter Dubliner* Gaeilgeoirí *(Irischsprechern) das Wort* guthán *(m1, gutháin) „guhån" (Telefon; abgeleitet von* guth = „Stimme"*). Auf Telefonzellen wird es allerdings nie geschrieben. Zudem stößt man auf die Abkürzung* fón *„foon".*

telefonieren

Die Telefonzellen sind weiß-blau und tragen überall in variierender Schreibweise entweder die korrekte Aufschrift **Teileafón** (seltener) oder inkorrekterweise **Telefón.** Es gibt Münzsprecher älteren Datums, bei denen man das Geld erst dann einwirft, wenn die Verbindung zustande gekommen ist. Sehr zahlreich und praktisch sind mittlerweile die Kartentelefone. Telefonkarten mit sehr schönen Motiven gibt es an Postämtern und in Läden.

Telefon	**teileafón** *(m1,* **teileafoin***)*	teléfoon
Telefonzelle	**bosca teileafóin** *(m, -í ...)*	boske teléfoo¦n
Telefonkarte	**cárta teileafóin** *(m, -í ...)*	kårte teléfoo¦n

An bhfuil teileafón anseo?
é' wil teléfoon énsch<u>o</u>
FP ist Telefon hier
Gibt es hier ein Telefon?

An féidir liom úsaid a bhaint as an teileafón?
é' feedir l¦om uusaid é waint as é' teléfoon
FP möglich mit-ich Benutzung zu Ernten aus das Telefon
Kann ich das Telefon benutzen?

Fotografieren

Der unter manchen Touristen verbreiteten Unsitte, „typisch aussehende" Iren ohne deren Erlaubnis zu fotografieren, sollte man sich auf keinen Fall anschließen. Viele Iren reagieren darauf zu Recht ziemlich sauer. Man sollte möglichst nur Leute fotografieren, die man kennt.

Das Wort grianghraf *(Foto; wörtl. „Sonnengraph") ist übrigens das, was man in der* Gaeltacht *als „Book-Irish" bezeichnet. Wird man nicht verstanden, kann man statt dessen auch* pictiúr *(m1) „piktiuur" (Bild) einsetzen.*

An féidir liom grianghraf a dhéanamh dhíot?
é' feedir l|om griënehrraf é jeené jiit
FP möglich mit-ich Foto zu Machen von-du
Kann ich ein Foto von dir machen?

An féidir leat grianghraf a dhéanamh dhínn?
é' feedir l|ät griënehrraf é jeené jiin
FP möglich mit-du Foto zu Machen von-wir
Kannst du ein Foto von uns machen?

Rauchen

Rauchen

Zigarette	**toitín** (*m4, -í*)	totiin
Pfeife	**píopa tobac** (*m4, -í ...*)	piipé tobak
Tabak	**tobac** (*m4*)	tobak
Streichholz	**lasán** (*m1,* **lasáin**)	lasán
Feuerzeug	**cipín** (*m4, -í*)/**lastóir** (*m, -í*)	kipiin/lastoo'r

An gcaitheann tú tobac?
è' gahèn tuu tobak
FP verbrauchen du Tabak
Rauchst du?

An féidir tobac a chaitheamh anseo?
è' feedir tobak è ehahé ènscho
FP möglich Tabak zu Verbrauchen hier
Kann man hier rauchen?

An bhfuil deargadh agat?
è' wil d'ärègè agèt
FP ist Anzünden bei-du
Hast du Feuer?

Ná caitear tobac!
nå ka'ter tobak
nicht verbrauche-man Tabak
Rauchen verboten!

An gcuireann sé as dhuit má chaithim tobac?
è' gu'rèn schee as ehrit må ehahim tobak
FP stellen es aus zu-du wenn verbrauche-ich Tabak
Stört es dich, wenn ich rauche?

Toilette

Toilette

Im Connacht-Irisch bezeichnet man die Toilette als **teach an asail** tjäch én aséil (Haus des Esels). In Ulster sagt man dagegen **teach na gcearc** tjäch né gärk (Hühnerhaus).

leithreas *(m1)*	lerés	Toilette
Fir	fir	Herren
Mná	mrå	Damen
saor	sᵘiir	frei
in áirithe	in årihé	besetzt
gallúnach *(w)*	galuunéch	Seife
tuáille *(m4,* **tuáillí***)*	tᵘålé	Handtuch

Cá bhfuil an leithreas?
kå wil é' lerés?
wo ist die Toilette
Wo ist die Toilette?

An féidir liom an leithreas a úsáid?
é' feedir lⁱom é' lerés 'uusåid
FP möglich mit-ich die Toilette zu Benutzen
Kann ich die Toilette benutzen?

Schimpfen & Fluchen

In einer fremden Sprache sollte man beim Gebrauch von Schimpfwörtern und Flüchen besonders aufpassen. Übrigens ist ein Großteil der Beschimpfungen ganz stark vom jeweiligen Dialekt abhängig und in keinerlei Wörterbüchern zu finden - man erzählt den Sprachforschern eben nicht alles.

A óinsí!
'oonschii
Du Idiotin!

A amadáin!
'amèdå'n
Du Idiot!

Mo sheacht mallacht!
mo hächt malècht
mein sieben Fluch
Jeden Fluch, den ich habe!

Dún do chlab!
duun do chlab
schließ deine Klappe
Halt die Klappe!

Téigh i dtigh diabhail!
teej i dii d!au'l
geh in Haus Teufel[2]
Geh zum Teufel!

Póg mo thoin!
poog mo ho'n
küss mein Hintern
Leck mich am Arsch!

Gread leat!
gräd l!ät
hau mit-du
Hau ab!

Die Dialekte

Munster-Irisch

Das Munster-Irisch war einmal der bei Lernern beliebteste Dialekt, auf dem auch die meisten Schulbücher basierten. Alte grammatikalische Formen sind im Munster-Irischen am stärksten bewahrt. Charakteristisch ist, dass die Betonung nicht immer auf der ersten Silbe liegt, sondern auf der Silbe mit dem langen Selbstlaut (Vokal), was vermutlich ein Einfluss des von den Normannen gesprochenen Französisch ist. Die Normannen ließen sich im Mittelalter vor allem im Süden (also in Munster) nieder.

Connacht-Irisch

Zurzeit der beliebteste Dialekt bei Lernern ist das Connacht-Irisch. Es hat die meisten Muttersprachler und noch das aktivste Kulturleben in der Sprache, zumindest in Connemara. Oftmals spricht man deshalb auch von Connemara-Irisch. Beim Dialekt der schwachen Mayo-Gaeltacht handelt es sich vermutlich um vom Ulster-Dialekt beeinflusstes Connacht-Irisch. Die Vorfahren der dortigen Bewohner sind einmal aus Ulster eingewandert.

Ulster-Irisch

Das Ulster-Irisch ist praktisch der einzige Dialekt, der in Nordirland, also in Ulster, gelernt wird. Anderswo bei Lernern nicht sehr populär. Da er nur noch an einigen Orten in Donegal gesprochen wird, ist die Bezeichnung Donegal-Irisch auch sehr häufig. Teilweise ist der Dialekt Ulsters vom Schottisch-Gälischen

Die Dialekte

beeinflusst. Bei den in diesem Jahrhundert ausgestorbenen Unterdialekten der Glens of Antrim und der Insel Rathlin (beides an der Nordküste) ist es sogar problematisch, ob man noch von Irisch sprechen kann oder schon von Schottisch-Gälisch sprechen muss.

Die Varianten des Gälischen heißen auf Irisch:

Connacht-Irisch	**Gaeilge Connacht**	gʷeelgë konècht
Munster-Irisch	**Gaeilge na Mumhan**	gʷeelgë në muun
Ulster-Irisch	**Gaeilge Uladh**	gʷeelgë ulë
Irisch-Gälisch	**Gaeilge na hÉireann**	gʷeelgë në heerën
Schottisch-Gälisch	**Gaeilge na hAlban**	gʷeelgë në halëbën

Aussprache

Die Aussprache von verschiedenen Buchstabenkombinationen kann in den verschiedenen Dialekten unterschiedlich sein. Hier einige häufige Fälle:

	Schreibweise	Munster	Connacht	Ulster
	-amh	-ëw	-ë	-u
verbrauchen	**caith<u>eamh</u>**	kahëw	kahë	kahu
	-adh	-ë	-ë	-u
zerbrechen	**bris<u>eadh</u>**	brischë	brischë	brischu
	-igh	-ig	-ë	-i
kaufen	**ceann<u>aigh</u>**	kⁱanig	kⁱanë	kⁱani
	-abh-	-au-	-au-	-oo-
Buch	**le<u>abh</u>ar**	lʲaur	lʲaur lʲoor	
	amh-	au-	oo-	oo-
Lied	**<u>amh</u>rán**	aurån	oorån	ooran

Die Dialekte

In Ulster werden lange Selbstlaute (**á**, **é**, **í**, **ó**, **ú**) in unbetonten Silben (also nicht auf der ersten Silbe) kurz ausgesprochen, so auch das **á** in **amhrán** ooran. In Munster hingegen fällt die Betonung auf die Silbe mit dem langen Selbstlaut, weshalb das Wort dort aurán ausgesprochen wird.

Charakteristisch für den Dialekt Ulsters ist noch, dass maith *(gut)* „maj" *ausgesprochen wird.*

Grammatik

In Munster sind bei den Tätigkeitswörtern noch die alten zusammengesetzten Formen üblich, nach dem Muster **tuigim** (*verstehe-ich*). Die Endungen in der Gegenwart sind:

ich	**-im**	wir	**-imid**
du	**-ir**	ihr	–
er/sie/es	–	sie (Mz)	**-id**

Also:

táim	ich bin	**tuigim**	ich verstehe
táir	du bist	**tuigir**	du verstehst
táimid	wir sind	**tuigimid**	wir verstehen
táid	sie sind	**tuigid**	sie verstehen

In Ulster hört man manchmal bei der Verneinung statt **ní** und **níor** die aus Schottland stammende Form **cha** ~~cha~~ und **char** ~~char~~, die je nach der Region in der Donegal-**Gaeltacht** entweder leniert oder eklipsiert.

Die Dialekte

Beispiel:

Cha dtuigim Gearmáinis.
~~cha~~ d^uigim gärĕmanisch.
nicht verstehe-ich Deutsch
Ich verstehe kein Deutsch.

Char ól tú uisce beatha.
~~cha~~r ool tuu ischkĕ bähĕ
nicht trankst du Wasser Leben[2]
Du trankst keinen Whiskey.

Ausdrücke und Redewendungen

Hier einige häufige Wörter, die in den drei Dialekten verschieden sind:

	Munster	Connacht	Ulster
Irisch	**Gaelainn**	**Gaeilge**	**Gaeilic**
	g^ueelin	g^ueelgĕ	g^ueelik
Tisch	**bord**	**bord**	**tábla**
	bord	baurd	taablĕ
Seife	**gallúnach**	**galaoireach**	**sópa**
	galuunĕ~~ch~~	gal^uiirĕ~~ch~~	soopĕ
wir	**sinn**	**muid**	**muid**
	schin	m^uid	m^uid
hören	**clois**	**clois**	**cluin**
	klosch	klosch	kl^uin
zahlen	**díol**	**íoc**	**íoc**
	diiĕl	iiĕk	iiĕk
fähig	**ábalta**	**in ann**	**ábalta**
	åbĕltĕ	in ån	aabĕltĕ

Die Dialekte

In Ulster wie auch in Munster heißt es:

Tá mé ábalta Gearmáinis a labhairt.
taa mee aabéltə gärémanisch é looırt *(Ulster)*
tåmee åbéltə gärémånisch é lauırt *(Munster)*
sein ich fähig Deutsch zu Sprechen
Ich kann Deutsch sprechen.

In Connacht ersetzt man **ábalta** ganz einfach durch **in ann.**

In Ulster kann man zudem noch sagen:

Tig liom Gearmáinis a labhairt.
tig lıom gärémanisch é looırt
kommt mit-ich Deutsch zu Sprechen
Ich kann Deutsch sprechen.

Die Möglichkeit, „können" mit is féidir le … auszudrücken, gilt für alle Dialekte.

Vokabular für den Dialektologen:

canúint (w3, -í)	kanuuınt	Dialekt
caighdeán (m1)	kaidån	Standard

Cén chanúint é sin?
keen chanuuınt ee schin
was-der Dialekt er dieser
Welcher Dialekt ist das?

An bhfuil sé sin sa gcaighdeán?
é' wil schee schin sa gaidån
FP ist es dies in-der Standard
Ist das im Standard?

céad seasca a trí | **163**

Irisch & Englisch

Irisch & Englisch

Nicht verwunderlich ist nach Jahrhunderten des gegenseitigen Kontakts, dass sich die beiden Sprachen des heutigen Irlands gegenseitig beeinflusst haben. So ist das irische Englisch, vor allem in ländlichen Gebieten, voller irischer Wörter und Satzstellungen. Man hört zum Beispiel oft das Wort **craic** kräk (Spaß, Gaudi):

How is the craic? **She's good craic.**
Was gibt's Neues?/ Sie ist echt witzig.
 Wie ist die Stimmung?

Auch wird die irische Verkleinerungssilbe **-ín** -iin (-chen) an englische Wörter angehängt (und **-een** geschrieben):

What a nice little lambeen.
Was für ein schönes kleines Lämmchen.

Statt **Do you speak Irish?** (Sprechen Sie Irisch?) fragt man wie im Irischen **Do you have Irish?** oder **Have you Irish?** *(Haben Sie Irisch?)*

Von Sprachaktivisten werden Anglizismen jeglicher Art meist als Béarlachas „beerlĕchĕs" (abgeleitet von Béarla, dem Wort für Englisch) abgelehnt.

Stärker noch ist heute aber der englische Einfluss auf die irische Sprache. Einerseits werden in der **Gaeltacht** moderne Begriffe nur auf Englisch gesagt, da sich meistens nur Lerner und städtische **Gaeilgeoirí** (Irischsprecher) die Mühe machen, im Wörterbuch die in Dublin geschaffenen modernen Begriffe herauszusu-

Irisch & Englisch

chen. Andererseits finden aber immer mehr englische Alltagswörter und ganze Satzfragmente ihren Weg in das Irisch der **Gaeltacht**.

Oh Lord. Tá súil agam go bhfuil sé *alright*.
o lord. tå suuᶥl agém go wil schee olrait
o Herr ist Auge bei-ich dass ist er alles-gut
Oh Lord. Ich hoffe, dass er alright ist.
(Lieber Gott. Ich hoffe, dass es ihm gut geht.)

Tá mé *totally fed up* leis *an whole lot*.
tå mee toutäli fed ap lesch é' houl lot
bin ich absolut gefüttert hoch mit der ganze Haufen
Ich bin totally fed up mit dem whole lot.
(Ich habe sie alle total satt.)

Oft sind aber trotz der Anglizismen Lenitionen und andere grammatische Regeln in Kraft:

By dad! Tá tú ar do *bhicycle* go fóill.
bai däd. tå tuu er do waisikl go fooᶥl
By dad! Du bist noch immer auf deinem bicycle.
(Unglaublich! Du bist ja noch immer auf deinem Fahrrad.)

An féidir leat é sin a *translate*' áil go Gaeilge?
é' feedir lᶥät ee schin é translajtåᶥl go gᵘeelgé
FP möglich mit-du es dies zu Übersetzen zu Irisch
Können Sie dies ins Irische übersetzen?

Tá mé ag *cycle*' áil.
tå mee'g saiklåᶥl
bin ich bei Fahrradfahren
Ich fahre mit dem Fahrrad.

Nun noch ein kleiner Tipp, der in keinem seriösen Lehrbuch steht, aber doch sehr hilfreich ist, um verständliches Kauderwelsch zu produzieren: Angenommen, man weiß nicht, dass aistriú *„übersetzen" heißt, wohl aber, dass „translate" das entsprechende englische Wort ist. In diesem Fall kann man einfach die Endsilbe* -áil *„-åᶥl" an das englische Wort hängen und hat schon ein (fast) irisches Tätigkeitshauptwort und zudem eine Lücke in seinem irischen Vokabular ausgeglichen – aber bitte niemandem sagen, dass Sie es von mir haben!*

Geographische Begriffe

Der Name Dublin kommt übrigens von Dubh Linn – „Schwarzer Tümpel". Die von den Wikingern gegründete Stadt umschloss auch bald den Ort Baile Átha Cliath *– „Ortschaft an der Hürdenfurt". Im Laufe der Zeit wurde erstere Form zum englischen, letztere zum irischen Namen der Stadt.*

In der Republik Irland sind Hinweisschilder generell auf Englisch und auf Irisch. Eine Ausnahme bildet die **Gaeltacht**, wo alle Schilder rein irischsprachig sind – sehr zur Verwirrung von Touristen, die „Clifden" nicht finden, weil sie nicht wissen, dass es **An Clochán** heißt.

Elemente einiger irischer Ortsnamen

baile	ba'lĕ	Ortschaft	**dún**	duun	Festung
béal	beel	Mündung	**gleann**	gli̯ån	Tal
cill	kil	Kirche	**loch**	loch	See
cluain	klu'in	Ebene	**ros**	ros	Wald
doire	do're	Eiche			

Counties

Deutsch/Englisch	Irisch	Aussprache
County Cork	**Contae Chorcaí**	kondä chorkii
County Donegal (inoff.)	**Tír Chonaill**	tiir chonĕ'l
County Donegal	**Contae Dhún na nGall**	kondä chruun na ngål
County Galway	**Contae na Gaillimhe**	kondä nĕ galive
County Kerry	**Contae Chiarraí**	kondä chi̯èrii
County Mayo	**Contae Mhaigh Eo**	kondä wejo
County Meath	**Contae na Mí**	kondä nĕ mii
County Waterford	**Contae Phort Láirge**	kondä fort lå'rĕgĕ

Geographische Begriffe

Provinzen

Cúige Connacht	kuu'gë konëeht	*Connaught*
Cúige Laighean	kuu'gë la¹n	*Leinster*
Cúige Mumhan	kuu'gë muun	*Munster*
Cúige Uladh	kuu'gë ulë	*Ulster*

Städte

Béal Átha Seanaidh	beel åhë schäni	*Ballyshannon*
Béal Feirste	beel ferschtë	*Belfast*
An Cheathrú Rua	ë' cheruu ruë	*Carraroe*
Caiseal	kaschël	*Cashel*
An Clochán	ë' klochån	*Clifden*
Cluain Meala	klu¹n m¹alë	*Clonmel*
Corcaigh	korkë	*Cork*
Doire	do¹rë, derë	*Derry*
An Daingean	ë' dengën	*Dingle*
Dún na nGall	duun na ngål	*Donegal*
Baile Átha Cliath	ba¹lë å klië, blå klië	*Dublin*
Dún Laoghaire	duun l⁽ᵘ⁾iirë	*Dun Laoghaire*
Dún Chaoin	duun chiin	*Dunquin*
Gaillimh	galiv, galjë	*Galway*
Gleann Cholm Cille	gl¹ån cholëm kilë	*Glencolumbcille*
Gleann Dá Loch	gl¹ån då loch	*Glendalough*
Cill Airne	kil a¹rnë	*Killarney*
Na Cealla Beaga	në k¹alë b¹ogë	*Killybegs*
Luimneach	l⁽ᵘ⁾imnëch, l⁽ᵘ⁾imrëch	*Limerick*
Ros Láir	ros lå¹r	*Rosslare*
Sligeach	schligëch	*Sligo*
Tiobraíd Árann	tibriid årën	*Tipperary*
Trá Lí	trå lii	*Tralee*

céad seasca a seacht

Geographische Begriffe

Waterford	**Port Láirge**	port lå'rėgė
Westport	**Cathair na Mart**	kahir nė mart
Wexford	**Loch Garman**	loch garmėn
Wicklow	**Cill Mhantáin**	kil wantå'n

Inseln

Aran Islands	**Oileáin Árann**	ilå'n årén
Inishere	**Inis Oírr**	inisch iir, inis siir
Inishmaan	**Inis Meáin**	inisch m'å'n
Inishmore	**Inis Mór**	inisch moor
Aranmore Island	**Árann Mhór**	årėn woor
Clare Island	**Cléire**	kleerė
Great Blasket Island	**An Blascaod Mór**	ė' blaskid moor
Inishbofin	**Inis Bó Finne**	inisch boo finė
Tory Island	**Toraigh**	tori

Gegenden

The Burren	**An Bhoireann**	ė' wo'rėn
Connemara	**Conamara**	konėmarė

Länder

Ländernamen sind stets weiblich. Vor Ländernamen steht stets ein Artikel. Ausnahmen sind nur Irland, Schottland, England, Amerika und Kanada.

Éire eerė ist die Grundform von Irland. Die Form **Éirinn** eerin folgt nach Verhältniswör-

Geographische Begriffe

tern, z.B. in dem Ausdruck in Éirinn (*w*). **Éireann** eerėn ist der 2. Fall; er wird z.B. in **Dáil Éireann** (Unterhaus Irlands) angewendet. Der 2. Fall von **Albain** lautet **Alban** alėbėn.

Poblacht na hÉireann (*w*)	poblėcht nė heerėn	*Republik Irland*
Tuaisceart na hÉireann (*m*)	tuėschkėrt nė heerėn	*Nordirland*
Meiriceá (*w4*)	merėkå	*Amerika*
An Bheilg (*w2*)	ė' velėg	*Belgien*
An Ghearmáin (*w2*)	ė' järėmå¹n	*Deutschland*
Sasana (*w4*)	sasėnė	*England*
An Fhrainc (*w2*)	ė' ränk	*Frankreich*
An Bhreatáin Mhór (*w*)	ė' vrätå¹n woor	*Großbritannien*
Ceanada (*w4*)	känėdė	*Kanada*
An Ísiltír (w2)	ėn iischėltįjr	*Niederlande*
An Ostair (*w2*)	ėn ostė¹r	*Österreich*
Albain (*w*)	alėbė¹n	*Schottland*
An Eilvéis (*w2*)	ėn elveesch	*Schweiz*
An Bhreatáin Bheag (w)	ė' vrätå¹n vlog	*Wales*

Unregelmäßige Verben

Unregelmäßige Verben

Grundform	Gegenwart	Vergangenheit
abair	**deirim**	**dúirt mé**
abé'r	derim	duu'rt mee
sagen	ich sage	ich sagte
clois	**cloisim**	**chuala mé**
klosch	kloschim	ch̶uėlė mee
hören	ich höre	ich hörte
déan	**déanaim**	**rinne mé**
deen	deenim	rinė mee
machen	ich mache	ich machte
faigh	**faighim**	**fuair mé**
faj	fajim	fuė'r mee
bekommen	ich bekomme	ich bekam
feic	**feicim**	**chonaic mé**
fek	fekim	ch̶onik mee
sehen	ich sehe	ich sah
ith	**ithim**	**d'ith mé**
i	ihim	di mee
essen	ich esse	ich aß
tabhair	**tugaim**	**thug mé**
too'r	togim	hug mee
geben	ich gebe	ich gab
tar	**tagaim**	**tháinig mé**
tar	tagim	hånig mee
kommen	ich komme	ich kam
téigh	**téim**	**chuaigh mé**
teej	tee'm	ch̶ui mee
gehen	ich gehe	ich ging

Unregelmäßige Verben

Zukunft	TH (Tätigkeits-„hauptwort")
déarfaidh mé	**rá**
deerhé mee	rå
ich werde sagen	Sagen
cloisfidh mé	**cloisteáil**
kloschhé mee	kloschtåil
ich werde hören	Hören
déanfaidh mé	**déanamh**
deenhé mee	deené
ich werde machen	Machen
gheobhaidh mé	**fáil**
johé mee	fåil
ich werde bekommen	Bekommen
feicfidh mé	**feiceáil**
fekhé mee	fekåil
ich werde sehen	Sehen
íosfaidh mé	**ithe**
ishé mee	ihé
ich werde essen	Essen
tabhairfidh mé	**tabhairt**
too'rhé mee	too'rt
ich werde geben	Geben
tiocfaidh mé	**teacht**
t'okhé mee	t'äeht
ich werde kommen	Kommen
rachaidh mé	**dul**
rachè mee	dul
ich werde gehen	Gehen

Literaturhinweise

Lehrbücher

Mícheál Ó Siadhail: „Lehrbuch der irischen Sprache", Helmut Buske Verlag, 2. Auflage, Hamburg 1992. *(Einziges deutschsprachiges Lehrbuch des Irischen, Übersetzung des englischsprachigen Lehrwerkes „Learning Irish"; richtet sich stark nach dem Dialekt von Spiddel (bei Galway), mit Lautschrift, die leider keine Selbstverständlichkeit ist. Empfehlenswert für äußerst Motivierte und Grammatik-Fans ... Begleitkassetten erhältlich.)*

Diarmuid Ó Sé & Joseph Sheils: „Teach Yourself Irish", Hodder and Stoughton, London / Sydney / Auckland 1993. *(Praxisorientiertes Lehrbuch. Manchmal etwas unübersichtlich. Orientiert sich an der Standard-Grammatik und enthält in Munster und Connacht gebräuchliche Wörter und Redewendungen. Kassette erhältlich.)*

Éamonn Ó Dónaill & Deirbbhile Ní Churraighín: „Now You're Talking", Gill & Macmillan 1995. *(Begleitbuch zu einem Fernsehkurs von 1995. Sehr praxisorientiert. Vermittelt standardisiertes Ulster-Irisch. Kassetten und Videos mit den Fernsehprogrammen erhältlich.)*

Grammatik

„New Irish Grammer". By the Christian Brothers, CJ Fallon, Dublin 1990. *(Englische Kurzversion der irischen Grammatik der Christlichen Brüder; wohl die beste und ausführlichste nicht-irischsprachige Grammatik auf dem Markt. Wiedergegeben wird die Standardgrammatik. Fehlender Index macht das Suchen leider oft sehr langwierig.)*

Literaturhinweise

Wörterbücher

Séamus Mac Mathúna & Ailbhe Ó Corráin: „Irish Dictionary", Harper Collins Publishers, 1995. *(Neueres englisch-irisches und irisch-englisches Taschenwörterbuch mit zum Teil sehr modernem Vokabular. Robuster und handlicher als „Foclóir Póca" und zudem leichter in Deutschland erhältlich. Leider keine Lautschrift.)*

Thomas Feito Caldas & Clemens Schleicher: „Wörterbuch Irisch-Deutsch", Helmut Buske Verlag. *(17.000 Stichwörter aus der modernen Umgangssprache, der Mediensprache und der Sagen. Dieses Wörterbuch enthält zu allen Stichwörtern lautschriftliche Angaben zur Assprache, grammatikalische Informationen sowie einen deutsch-irischen Wortindex.)*

Über die irische Sprache

Brian Ó Cuív (Hrsg): „A View of the Irish Language", Dublin 1969. *(Enthält lesenswerte und interessant geschriebene Aufsätze verschiedener Wissenschaftler zur Kulturgeschichte des Irischen.)*

Deirdre Flanagan & Laurence Flanagan: „Irish Place Names", Gill & Macmillan Ltd., Dublin 1994. *(Spannendes Nachschlagewerk zu irischen Ortsnamen. Enthält kultur- und sprachwissenschaftliche Artikel zu den meisten Elementen irischer Ortsnamen in alphab. Reihenfolge sowie eine alphabetische Liste englischsprachiger Ortsnamen mit irischer Grundform, Übersetzung und Hinweis auf dazugehörige Artikel.)*

Wortliste Deutsch – Irisch-Gälisch

Die Wortlisten enthalten einen Grundwortschatz von ca. 700 Wörtern. Alle Wörter in der Wortliste Deutsch – Irisch sind auch in Lautschrift, kursiv formatiert, angegeben. Folgende Abkürzungen werden verwendet:

m	männlich
w	weiblich
1,2,3,4	Beugungsklasse
K1	Verb der Kategorie 1
K2	Verb der Kategorie 2
K-u	unregelmäßiges Wort
TH	Tätigkeitshauptwort
...	die folgenden Wörter lauten wie im zusammengesetzten Verb und werden auch so ausgesprochen.

...(=P)	anstelle der Pünktchen wird die handelnde Person eingesetzt.
L!	das folgende Wort wird leniert
E!	das folgende Wort wird eklipsiert
A!/E!	nach dem Wort folgt die abhängige Form, ansonsten wird eklipsiert

A

Abend tráthnóna *trånooné (m4)*
Abendessen dinnéar *dineer (m1)*
aber ach *aeh*
abreisen imigh *imé (K2); TH:* imeacht *iméeht*
Adresse seoladh *schoolé (m)*
Alkohol deoch meisciúil *d'ooh meschkuu'l (w)*
allein aonarach *eenéréeh*
alles gach rud *gaeh rud*
als (Vgl.) ná *nå*
als (zeitl.) nuair a *nuëïr é*
alt sean *schän*
Alter (Lebens-) aois *iisch (w2)*
Andenken cuimhneachán *kuivnäehån (m1)*
anfangen tosaigh *tosé (K2); TH:* tosú *tosuu*
Angst faitíos *fatiiés (m1)*
anhalten stopaigh *stopé (K2); TH:* stopadh *stopé*
ankommen tar *tar (K1-u)*
Ankunft teacht *täeht (m3)*
ansehen breathnaigh *bräné (K2); TH:* breathnú *bränuu*
Antwort freagra *frägrë (m4)*
antworten freagair *frägëïr (K2); TH:* freagairt *frägëïrt*
Apotheke cógaslann *koogëslën (w2)*
arbeiten oibrigh *aibrë (K2); TH:* obair *obëïr*
Arbeiter(in) oibrí *aibrii (m4)*
arm bocht *boeht*
Arzt dochtúir *doehtuúr (m3)*
auch freisin *fréschën*
auf ar *er*
aufhören (mit) cuir deireadh (le) *ku'r derë (lë); TH:* cur deireadh *kur..*
aufstehen éirigh *airë (K2); TH:* éirí *airii*
aufwachen dúisigh *duusché (K2); TH:* dúiseacht *duuschëeht*
aus as *as*
Ausgang bealach amach *bäleeh ëmaeh* m
ausgezeichnet thar cionn *har kiën*

Wortliste Deutsch – Irisch-Gälisch

Auskunft oifig eolais *ofig oolèsch (m)*
Ausländer strainséir *stranschee'r (m3)*, eachtrannach *äehtrènèeh (m1)*
ausländisch eachtrannach *äehtrènèeh*
Aussprache blas *blas (m1)*
Ausstellung taispeántas *tasp'åntès (m1)*
Auto carr *kår (m1)*, gluaisteán *gluschtå'n (m1)*
Autowerkstatt garáiste *garåschtè (m4)*

B

Badezimmer seomra folctha *schoomrè folkè (m)*
Bahnhof stáisiún traenach *ståschuun tränèeh (m1)*
bald ar ball beag *er bål b'og*
Bank binse *binschè (m4)*
Bank (Geld) banc *bank (m1)*
bauen tóg *toog (K1)*; TH: tógáil *toogå'l*
Bauer feirmeoir *ferëm'oo'r (m3)*
Baum crann *krån (m1)*
beeilen, sich deifrigh *defrè (K2)*; TH: deifriú *defruu*
beenden críochnaigh *kriiehnè (K2)*; TH: críochnú *kriiehnuu*
begegnen, sich cas *kas (K1)*; TH: casadh *kasè*

begrüßen beannaigh do *b'änii do (K2)*; TH: beannú do *b'änuu do*
bei ag *eg*
Beispiel sampla *samplè (m4)*
bekommen faigh *faj (K1-u)*
Belgien An Bheilg *ë' velëg (w2)*
Belgier(in) Beilgeach *belëgèeh (m1)*
belgisch Beilgeach *belëgèeh*
Berg sliabh *schliëw (m)*
Beruf ceird *kerd (w2)*
berühmt cáiliúil *kå'l'uu'l*
Besitzer úinéir *uu'nee'r (m3)*
besser níos fearr *niis f'år*
Besuch cuairt *kuë'rt (w2)*
besuchen tabhair cuairt ar *too'r kuë'rt er*; TH: tabhairt ... *too'rt ...*
Besucher cuairteoir *kuë'rt'oo'r (m3)*
betrunken ar meisce *er meschkè*
Bett leaba *l'äbè (w)*
Bettzeug córacha leapa *kooreehè l'äpè (w)*
bevor roimh *riv*
Bier beoir *b'oo'r (w)*
Bild pictiúr *pikt'uur (m1)*
billig saor *s'iir*
bis go dtí *go dii*
bisschen beagán *b'ägån*
Bitte iarratas *iérètès (m1)*
bitten iarr *iér (K1)*; TH: iarraidh *iérè*

Blatt (Papier) píosa pápéir *piisè påpee'r (m)*
bleiben fan *fan (K1)*; TH: fanacht *fanèeht*
Blume bláth *blå (m3)*
Boot bád *båd (m1)*
Brauch nós *noos (m1)*
brauchen tá ... ó ... (=P) *tå ... oo (K2)*
breit leathan *lähèn*
brennen dóigh *dooj (K1)*; TH: dó *doo*
Brief litir *litir (w)*
Briefmarke stampa *stampè (m4)*
Briefumschlag clúdach litreach *kluudèeh litrèeh (m)*
Brille spéaclaí *speeklii (m4)*
bringen tabhair *too'r (K1-u)*
Brot arán *arån (m1)*
Brücke droichead *droehèd (m4)*
Bruder deartháir *d'ärhå'r (m)*
Buch leabhar *l'aur (m1)*
Buchstabe litir *litir (w)*
bunt dathannach *dahènèeh*
Burg caisleán *kaschlån (m1)*
Büro oifig *ofig (w2)*
Bus bus *bus (m4)*

D

da ann *ån*
Dach díon *diiën (m1)*
damit (um zu) chun *ehun*
danach ina dhiaidh sin *iné je schin*

céad seachtó a cúig | **175**

Wortliste Deutsch – Irisch-Gälisch

danke go raibh maith agat/agaibh *(Ez/Mz) go rë' ma hagët/hag^uiv*
dann ansin *énschin*
dass go *(A!/E!)*
dass nicht nach *naeh (A!/E!)*
Datum dáta *dåtë (m4)*
Decke (Bett) clúdach leapach *kluudëah läpëah (m)*
denken smaoinigh *sm^uiinë (K2)*; TH: smaoineamh *sm^uiinë*
Denkmal dealbh *däléw (w2)*
deutsch Gearmánach *gärëmånëah*
Deutsch (Sprache) Gearmáinis *gärëmånisch (w2)*
Deutsche/r Gearmánach *gärëmånëah*
Deutschland An Ghearmáin *ën järëmå'n (w)*
Dialekt canúint *kanuu'nt (w3)*
dick ramhar *raur*
Ding rud *rud (m3)*
Diskothek club oíche *klub iichë (m)*, díosco *diisko (w4)*
Dorf baile beag *ba'lë b'og (w)*
dort ansin *énschin*
dumm dúr *duur*
dunkel dorcha *doréehë*
dünn tanaí *tanii*
durch (quer) trí *trii*
Durst tart *tart (m3)*

E

echt fíor- *fiir (vorangestellt)*
Ehefrau bean chéile *bän cheelë (w)*
Ehemann fear céile *fär keelë (m1)*
Ehepaar lánúin phósta *lånuu'n foostë (w)*
Ei ubh *uw (w2)*
Eimer buicéad *b^uikeed (m1)*
einfach easca *äskë*
Eingang bealach isteach *bäleah ischt'äeh (m1)*
einige cúpla *kuuplë*
einladen cuir cuireadh ar *ku'r ku'rë er (K1)*; TH: cur ... kur ...
Einladung cuireadh *k^uirë (m1)*
einmal uair amháin *uë'r ëwå'n*
einverstanden (mit) sásta (le) *såstë (lë)*
Einwohner, die muintir na háite *m^uintir në hå'të (m,Mz)*
Eis (Speise-) uachtar reoite *uëehtër roo'të (m)*
Eltern tuismitheoirí *t^uischmëhoo'rii (m,Mz)*
Ende deireadh *derë (m1)*
eng cúng *kuung*
England Sasana *sasénë (w)*
Engländer(in) Sasanach *sasénëah (m1)*

englisch Sasanach *sasénëah*
Englisch Béarla *beerlë (w)*
Enkel (der) garmhac *garwak (m1)*
Enkel *(Mz)* clann clainne *klan kla'në*
Enkelin gariníon *gariniin (w2)*
entscheiden socraigh *sokrë(K2)*; TH: socrú *sokruu*
Entschuldigung leithscéal *leschkeel (m1)*
erinnern, sich is cuimhne le ... *(=P)* ar *(an)* is *k^uivnë le ... er*
Erinnerung cuimhne *k^uivnë (w4)*
Erlaubnis cead *käd (m3)*
erzählen inis *inisch (K2)*; TH: insint *inschint*
essen ith *i (K1-u)*
Essen (Mahlz.) béile *beelë (m4)*
etwas rud *rud*

F

Fabrik monarcha *monérëhë (w)*
Faden snáth *snå (m)*
Fähre bád farantóireachta *båd farëntoo'rëahtë (m)*
fahren tiomáin *t'omå'n (K2)*; TH: tiomáint *t'omå'nt*
Fahrkarte ticéad *tikeed (m1)*
Fahrplan clár ama *klår amë (m)*

Wortliste Deutsch – Irisch-Gälisch

Fahrrad rothar *rohér (m1)*
falsch mícheart *miichärt*
Familie teaghlach *tailéeh (m1)*
Familienname sloinne *sl^uinë (m4)*
Farbe dath *da (m3)*
faul (Obst) lofa *lofé*
faul (träge) leisciúil *lëschkuu^ul*
Fehler botún *botuun (m1)*
Feier cóisir *kooschér (w2)*
Feld garraí *garii (m4)*
Fenster fuinneoig *funⁱooⁱg (w2)*
Ferien laethanta saoire *lähéntë s^uiirë (m,Mz)*
Fernsehgerät teilifíseán *teléfiischán*
fertig reidh *rej*
feucht fliuch *flⁱuch*
Feuer tine *tinë (w4)*
Film scannán *skanán (m1)*
finden faigh *faj (K1-u);* TH: fáil *fáⁱl*
Fisch iasc *iësk (w2)*
Flasche buidéal *budⁱeel (m1)*
Fleisch feoil *fooⁱl (w3)*
fleißig dícheallach *diichéléeh*
fliegen eitil *etil (K1);* TH: eitilt *etilt*
Flughafen aerphort *erfort (m1)*
Flugzeug eitleán *et^lán (m1)*
Fluss abhainn *auⁱn (w)*

Folklore béaloideas *beelodés (m1)*
Foto grianghraf *griënchraf (m1)*
Fotoapparat ceamara *kämérä (m1)*
fotografieren déan grianghraf *deen griënchraf;* TH: déanamh … *deenë*
Frage ceist *kescht (w2)*
fragen cuir ceist *kuⁱr kescht;* TH: cur.. *kur..*
Frau bean *bän (w)*
frei saor *s^uiir*
fremd strainsértha *stranscheerë*
Freude áthas *áhës (m1)*
freuen, sich tá áthas ar … *tá áhës er*
Freund(in) cara *karë (m4)*
freundlich cairdiúil *caⁱrdⁱuu^ul*
Frieden síochán *schiichán (w3)*
frisch (Obst …) úr *uur*
fröhlich sona *soné*
Frucht toradh *torë (m1)*
früh go luath *go lué*
früh (morgens) go moch *go moch*
Frühling earrach *äréch (m1)*
Frühstück bricfeasta *brikfästë (m1)*

G

Gabel forc *fork (m1)*
gälisch (kultur.) Gaelach *g^ueeléch*
Gälisch (irisches) Gaeilge na hÉireann *g^ueelgé né heerén (w4)*
Gälisch (schottisches) Gaeilge na hAlban *g^ueelgé né halébén*
ganz ar fad *er fad,* uilig *elig*
Garten gairdín *gaⁱrdiin (m4)*
Gast aoi *ii (m4)*
Gastgeber óstach *oostéch (m1)*
Gaudi craic *kräk (w2)*
Gebäck cáca *káké (m4)*
geben tabhair *tooⁱr (K1-u)*
Geburtstag breithlá *brelá (m)*
gefährlich contúirteach *kontuuⁱrtⁱéch*
gegen in aghaidh *in aj*
Gegend ceantar *käntér (m1)*
gegenüber os comhair *os kooⁱr*
gehen téigh *teej (K1-u)*
Geld airgead *ärégéd (m1)*
Gemüse glasraí *glasrii (m,Mz)*
gemütlich compordach *kompordéch*
geradeaus díreach ar aghaidh *diiréch er aj*
Geschäft (Laden) siopa *schopé (m4)*

céad seachtó a seacht | **177**

Wortliste Deutsch – Irisch-Gälisch

Geschenk bronntanas *brontènès (m1)*
Geschichte (Erzähl.) scéal *schkeel (m1)*
Geschichte (Historie) stair *sta'r (w2)*
Gespräch comhrá *koorå (m4)*
gestern inné *in'ee*
gesund sláintiúil *slå'ntuu'l*
Gesundheit sláinte *slå'ntè (w4)*
Getränk deoch *d'ooh (w)*
Gewicht meáchan *m'åòhèn (m1)*
Gewitter stoirm *sto'rèm (w2)*
Glas (Trink-) gloine *gl'inè (w2)*
glauben creid *kred (K1); TH:* creidiúnt *kred'uunt*
Glück ádh *å (m)*
Gott dia *diè (m4)*
Gramm gram *gram (m1)*
Grammatik gramadach *gramèdèòh*
Gras féar *feer (m1)*
Greis seanfhear *schänär (m1)*
Greisin seanbhean *schänvän (w)*
Grenze teorainn *t'oorè'n (w)*
groß mór *moor*
Großmutter seanmháthair *schänwå̱hè'r*
Großvater seanathair *schänå̱hè'r (m)*
Gruppe dream *dr̂åm (m3)*
gut maith *ma*

H

Hafen (kleiner) cuan *kuén (m1)*
Hälfte leath *lä (w2)*
halten stad *stad (K1); TH:* stad *stad*
Haltestelle stad bus *stad bus (m)*
hart crua *kruè*
Haus teach *t'äòh (m)*
Hausfrau bean an tí *bän è'tii (w)*
Hausherr fear an tí *fär è'tii (m)*
heben ardaigh *ardé (K2); TH:* ardú *arduu*
heiß, warm te *tè*
helfen cabhraigh (le) *kaurè (lè) (K2); TH:* cabhradh *kaurè*
hell geal *g'äl*
Herbst fómhar *foowèr (m1)*
heute inniu *in'u*
hier anseo *ènscho*
Hilfe cabhair *kau'r (w)*, cuidiú *k'id'uu (m)*
hinein isteach *ischt'äòh*
hinter taobh thiar *t'iiw hiér*
hoch ard *ard*
Hochzeit bainis *banish (w2)*
hoffen (auf) tá ... (=P) ag súil (le ...) *tå ... eg suu'l (lè)*
höflich múinte *muu'ntè*
Holz adhmad *aimèd (m1)*
hören clois *klosch (K1-u)*
Hotel óstán *oostån (m1)*
Hunger ocras *okrès (m1)*
hungrig (sein) tá ocras ar ... *(=P) tå okrès er ...*

I

immer i gcónaí *i goonii*
in (Ort) i *i (E!)*
in (zeitl.) i gceann *i g'ån*
Insekt feithid *fehèd (w2)*
Insel oileán *ilån (m1)*
interessant spéisiúil *speeschuu'l*
Interesse suim *s'im (w2)*
interessieren, sich (für) tá suim ag ... *(=P) i (E!) tå s'im eg ... i*
international idirmáisiúnta *idèrnåschuuntè*
Ire / Irin Éireannach *eerènèòh (m1)*
irisch Éireannach *eerènèòh*
Irisch (Sprache) Gaeilge *g'eelgé (w4)*
irischsprachiger Distrikt Gaeltacht *g'eeltèòht (w3)*
Irischsprecher Gaeilgeoir *g'eelgoo'r*
Irland Éire *eerè (w)*

J

jagen fiach *fièòh (K1); TH:* fiach *fièòh*
Jahr bliain *bliè'n (w3)*
Jahreszeit séasúr *schäsuur (m1)*
jährlich gach bliain *gaòh bliè'n*

Wortliste Deutsch – Irisch-Gälisch A-Z

jeder gach duine *ga̶o̶h d⁽ᵘ⁾iné*
jedesmal gach uair *ga̶o̶h ué̱r*
jemals ariamh *éri̱ew*
jemand duine *d⁽ᵘ⁾iné*
jetzt anois *éni̱sch*
jung óg *oog*
Junge buachaill *bu̶é̶o̶h̶é̶'l* (m3)

K

kalt fuar *fué̱r*
kaputt briste *brischté*
kaufen ceannaigh *k̛åné* (K2); TH: ceannach *k̛åné̶o̶h̶*
Kind páiste *påschté* (m4)
Kirche séipéal *scheepeel* (m1)
Kleidung éadaí *eedii* (m)
klein beag *b̛og*
klug cliste *klischté*
kochen bruith *br⁽ᵘ⁾i* (K1); TH: bruith
kommen tar *tar* (K1-u)
kompliziert casta *kasté*
können tá ... (=P) in ann *tá ... in án*
Konzert ceolchoirm *k̶oolo̶hg̛rém* (w2)
kosten (Preis) cosnaigh *kosné* (K2)
kostenlos saor in aisce *s⁽ᵘ⁾iir in eschkë*
krank tinn *tiin*
Krankenhaus ospidéal *ospideel* (m1)
Krankheit tinneas *tinës* (m1)
kühl fuar *fué̱r*
Kunst dán *dán* (m1)
kurz gearr *g̛år*
küssen póg *poog* (K1); TH: pógadh *poogë*

L

Laken bráillín *brå̛lliin* (m4)
Lampe solas *solës* (m1)
Land tír *tiir* (w2)
Landkarte léarscáil *leerskå̛ll* (w2)
Landschaft radharc tíre *rairk tiiré* (m1)
Landwirtschaft feirmeoireacht *ferëm̛ooi̱r̶ë̶a̶h̶t̶* (w3)
lang fada *fadé*
langsam mall *må̱l*
langweilig leadránach *l̛ädråné̶o̶h̶*
laufen, rennen rith *ri* (K1); TH: rith
laut ard *ard*
Leben saol *s⁽ᵘ⁾iil* (m1)
Lebensmittel bia *bi̛é* (m4)
ledig singil *schingil*
leer folamh *folë*
legen cuir *cu̱r* (K1); TH: cur *kur*
lehren múin *muu̱n* (K1); TH: múineadh *muuné*
Lehrer(in) múinteoir *muu̱nto̱ör* (m3)
leicht (Gewicht) éadrom *eedrëm*

leicht (zu tun) éasca *eeskë*
lernen foghlaim *foolë̛m* (K2); TH: foghlaim
lesen léigh *leej* (K1); TH: léamh *leew*
Leute pobal *pobël* (m1)
Licht solas *solës* (m1)
Lied amhrán *orån* (m1)
links ar chlé *er chlee*
Loch poll *pol* (m1)
Löffel spúnóg *spuunoog* (w2)
lustig greannmhar *g̛ränuur*

M

machen (tun) déan *deen* (K1-u)
Mädchen cailín *kaliin* (m4)
Mal, nächstes an chead uair eile *ë' cheed ué̱r elé*
malen péinteáil *pee̱ntå̛l* (K2); TH: péinteáil
Manager bainisteoir *banischtoo̱r* (m3)
manchmal uaireanta *ué̱rëntii*
Mann fear *fär* (m)
Markt aonach *iiné̶o̶h̶* (m1)
Medikament leigheas *lais* (m1)
Meer farraige *farë̛gé* (w4)
mehr tuilleadh *t⁽ᵘ⁾ilé*
Menge (Quantität) méid *meed* (m4)
Mensch duine *d⁽ᵘ⁾iné* (m4)

céad seachtó a naoi | **179**

Wortliste Deutsch – Irisch-Gälisch

Messer scian *schkien (w2)*
Miete cíos *kiis (m3)*
mieten tóg ar cíos *toog er kiis*
Minute nóiméad *noomeed (m1)*
mit le *lé*
Mode faisean *fäschën (m1)*
Monat mí *mii (w)*
morgen amárach *ëmá̱rëeh*
Morgen maidin *madin (w2)*
Motor mótar *mooter (m1)*
Motorboot mótarbhád *mooterwa̱d (m1)*
Motorrad gluaisrothar *glueschrohër (m1)*
müde tuirseach *tu̱rschäeh*
Müll truflais *truflësch (w2)*
Museum iarsmalann *iërsmëlën (w2)*, músaem *muusem (m1)*
Musik ceol *kool (m1)*
müssen caithfidh *kahë*
Mutter máthair *måhër (w)*

N

nach (zeitl.) tar éis *tar eesch*
nach (Richtung) chun *ehun*
Nachmittag tráthnóna *trånoone (m4)*
Nachricht scéal *schkeel (m1)*
Nacht oíche *iichë (w4)*
nackt nocht *noeht*

Nadel snáthaid *snáhë̈d (w2)*
nah in aice le ... *in ekë lë ...*
Name ainm *anëm (m4)*
nass fliuch *fl u eh*
Natur dúlra *duulrë (m4)*
natürlich (nicht künstlich) nádúrtha *nåduurhë*
neben in aice le ... *in ekë lë ...*
nehmen tóg *toog (K1)*; TH: tógáil *toogå̱l*
neu nua *nué*
neugierig fiosrach *fisréeh*
Niederlande An Ísiltír *én iischiltiir (w2)*
Niederländer/in Ollannach *olënéeh (m1)*
niederländisch Ollannach *olënéeh*
Niederländisch (Sprache) Ollanais *olënisch (w2)*
niedrig íseal *iischël (w2)*
niemals ariamh *ërjëw*
noch fós *fuus*
Norden tuaisceart *tuschkërt (m1)*
normal nádúrtha *nåduurhë*
notwendig (es ist ... dass/dass nicht) is gá go / nach *(A!/E!) is gâ go / naeh*
Nummer uimhir *ivër (w)*

O

ob go *go (A!/E!)*
ob nicht nach *naeh (A!/E!)*
oben thuas *hués*
Obst torthaí *torhii*
oder nó *noo*
öffnen oscail *oskë̈l (K2)*; TH: oscailt *oskë̈lt*
oft go minic *go minik*
ohne gan *gan*
Onkel uncail *unkë̈l (m4)*
Ort áit *å̱t (w2)*
Osten oirthear *o'rhër (m1)*
Österreich An Ostair *ën ostë̈r (w)*
Österreicher(in) Ostarach *ostéréeh (m1)*
österreichisch Ostarach *ostéréeh*

P

paar (einige) péire *peeré*
Paar (Menschen) lánúin *lånuu'n (w2)*
Paket beart *bärt (m1)*
Papier páipéar *påpeer (m1)*
Parlament dáil *då̱l (w3)*
Pass (Ausweis) pas *pas (m4)*
Pause sos *sos (m3)*
Person duine *d u iné (m4)*
Pflanze planda *plandë (m4)*
Politik polaitíocht *polétiiëeht (w3)*
Polizei garda *gardé (m4)*
Post(amt) oifig an phoist *ofig ë' foscht (w)*

Wortliste Deutsch – Irisch-Gälisch

Postkarte cárta poist *kårté foscht (m)*
Preis praghas *prais (m1)*
privat privádach *privådéeh*
Problem fadhb *faib (w2)*
Programm clár *klår (m1)*
Prospekt bróisiúr *brooschuur (m1)*
Pub teach tábhairne *t^jäeh tåwërné (m)*
pünktlich in am *in am*

R

Radiogerät raidió *rad^joo (m4)*
rauchen caith tobac *ka tobak (K1)*
rechts ar dheis *er jesch*
reden caintigh *ka^jntii (K2)*; TH: caint *ka^jnt*
Regen báisteach *båschtéeh (w2)*
Regenschirm scáth báistí *skå båschtii (m)*
reich saibhir *sevër*
reif aibí *aibii*
Reise aistear *aschtër (m1)*
reisen taistil *taschtil (K2)*; TH: taisteal *taschtél*
rennen rith *ri (K1)*; TH: rith
reparieren deisigh *deschii (K2)*; TH: deisiú *deschuu*
Restaurant bialann *biélën (w2)*
richtig i gceart *i g^järt*
roh amh *aw*

Rucksack mála droma *måla dromë (m)*
rufen, schreien glaoigh (ar) *gl^uii (er) (K2)*; TH: glaoch *gl^uieh*
Ruhe ciúnas *kuunës (m1)*

S

sagen abair *abë^jr (K1-u)*
sammeln bailigh *balii (K2)*; TH: bailiú *ba^jl^juu*
Sand gaineamh *ga^jnë (m1)*
satt sách *såeh*
Satz (Grammatik) abairt *abë^jrt (w2)*
sauber glan *glan*
säubern glan *glan (K1)*; TH: glanadh *glanë*
Schallplatte céirnín *kerniin (w4)*
Schere siosúr *schiisuur (m1)*
schicken (nach) cuir (chuig) *ku^jr (eh^uig) (K1)*; TH: cur ... *kur ...*
Schiff long *long (w2)*
schlafen codail *koda^jl (K2)*; TH: codladh *kolé*
Schlafzimmer seomra codlata *schoomré kolété (m)*
schlecht dona *doné*
Schlüssel eochair *ooehë^jr (w)*
schmackhaft blasta *blasté*
Schmerz pian *piën (w2)*
Schmuck seodra *schoodré (m4)*

schmutzig salach *saléeh*
schnell sciobtha *schkip^uii*
schon cheana féin *hanéf hee^jn*
schön álainn *åle^jn*
Schotte Albanach *alëbënéeh (m1)*
schottisch Albanach *alëbënéeh*
Schottland Albain *alëbë^jn (w)*
schreiben scríobh *schkriiw (K1)*; TH: scríobh
Schuh(e) bróg(a) *broog(ë) (w2)*
Schule scoil *sko^jl (w2)*
Schüler scoláire *skolå^jré (m4)*
Schweiz An Éilvéis *ën eelveesch (w)*
Schweizer/in Éilvéiseach *eelveeschéeh (m1)*
schweizerisch Éilvéiseach *eelveeschéeh*
schwer trom *trom*
Schwester deirfiúr *derëfuur (w)*
schwimmen snámh *snåw (K1)*; TH: snámh
See (der) loch *loeh (m3)*
sehen feic *fek (K1-u)*
Seife gallúnach *galuunéeh (w2)*
seit ó shin *oo hin* (nachgestellt)
selbst féin *hee^jn*
selten annamh *anëw*
sicher (gewiss) cinnte *kinté*

céad ochtó a haon | **181**

Wortliste Deutsch – Irisch-Gälisch

sicher (ungefährlich) sábhailte *såwa'lté*
singen can *kan* (K1); TH: canadh *kané*
sitzen suí *sʲii* (K1); TH: suí
so mar sin *mar schin*
sofort ar an bpointe *er ë' bʲuinté*
Sohn mac *mak* (m1)
solch(e,-er,-es) mar sin *mar schin (nachgestellt)*
Sommer samhradh *sauré* (m1)
Sonne grian *griën* (w2)
spät déanach *deenëeh*
spazierengehen siúil thart *schuu'l hart* (K2); TH: siúl ... *schuul ...*
Speisekarte biachlár *biëehlår* (m1)
spielen imir *imëʲr* (K2); TH: imirt *imëʲrt*
Sport / Spaß spórt *spoort* (m1)
Sprache teanga *t'änge* (w4)
sprechen labhair *lauʲr* (K2); TH: labhairt *lauʲrt*
Stadt baile mór *ba'lé moor* (m)
Stadt (Groß-) cathair *kahir* (w)
Standard-Irisch caighdeán na Gaeilge *kaʲdån né gʷeelgé* (m1)
stark láidir *låđir*
stehen seas *schäs* (K1); TH: seasamh *schäsé*
Stein cloch *kloeh* (w2)
stellen (legen) cuir *kuʲr* (K1); TH: cur *kur*
Stift peann *pʲån* (m1)
Stimme guth *gu* (m3)
Strand trá *trå* (w4)
Straße bóthar *boohèr* (m1)
Streichhölzer lasáin *lasåʲn* (m1), cipíní *kipiinii* (m)
Stück píosa *piisé* (m4)
Student mac léinn *mak leeʲn* (m)
Stunde uair *uëʲr* (w2)
suchen lorg *loreg* (K1); TH: lorg
Süden deisceart *deschkèrt* (m1)
süß milis *milisch*

T

Tabak tobac *tobạk* (m4)
Tag lá *lå* (m)
täglich gach lá *gaeh lå*
Tal gleann *glʲån* (m3)
Tankstelle stáisiún peitril *ståschuun petril* (m)
tanzen damhsaigh *dausé* (K2); TH: damhsadh *dausé*
Tasche mála *målé* (m4)
Telefon teileafón *teléfoon* (m1), guthán *guhån* (m1)
telefonieren (mit) cuir glaoch (teileafóin) ar *kuʲr glʷiieh (teléfooʲn) er*; TH: cur ... *kur ...*
teuer (Preis) daor *dʷiir*
tief domhain *dauʲn*
Tier ainmhí *änévii* (m4)
Tochter iníon *iniin* (w2)
Tod bás *bås* (m4)
Toilette leithreas *lerés* (m1)
Toilettenpapier páipéar leithris *påpeer lerisch* (m)
Tradition traidisiún *tradischuun* (m1)
tragen iompair *ompëʲr* (K2); TH: iompar *ompër*
traurig brónach *broonëoh*
treffen (begegnen) cas (ar) *kas (er)* (K1); TH: casadh *kasé*
Treppe staighre *stairë* (m4)
trinken ól *ool* (K1); TH: ól
trocken tirim *tirim*
tschüss! slán! *slån*
tun déan *deen* (K1-u); TH: déanamh *deenë*
Tür doras *dorès* (m1)
Turm túr *tuur* (m1)

U

üben cleacht *klẳeht* (K1); TH: cleachtadh *klẳehté*
über (örtl.) os comhair *os koo'r*
überall ar fud na háite *er fud né hå'té*
übermorgen arú amárach *aruu'måreoh*
übersetzen aistrigh *aischtrii* (K2); TH: aistriú *aischtr'uu*
übrig spártha *spårhé*
Uhr uaireadóir *uëʲrédooʲr* (m3)

Wortliste Deutsch – Irisch-Gälisch

Umgebung timpeallacht *timpëlëëht (w3)*
Umweg cor bealaigh *kor bälii (m1)*
Umwelt timpeallacht *timpëlëëht (w3)*
und agus *agës*, is *is*
Unfall timpiste *timpischtë (w4)*
Universität ollscoil *olskol (w2)*
unten thíos *hiis*
unter faoi *fⁱii*
Unterkunft lóistín / ooschtiin *(m4)*
Urlaub laethanta saoire *lähéntë sⁱiirë (m,Mz)*

V

Vater átháir *åhëˈr (m)*
vergessen déan dearmad *deen dʲärmëd*
verirren, sich téigh ar strae *teej ar strä (K1); TH:* dul .. dul ..
verkaufen díol *diʲul (K1); TH:* díol
verlieren (Dinge) caill *kaˈlë (K1); TH:* caileadh *kaˈlë*
vermieten cuir ar cíos *kuˈr er kiis (K1); TH:* cur ... *kur ...*
verstehen tuig *tig (K1); TH:* tuiscint *tischkint*
versuchen iarr *iër (K1); TH:* iarradh *iërë*
viel go leor *go lʲoor*

vielleicht b'féidir go / nach *beeˈdir go / naëh (A!/E!)*
voll lán *lån*
von (Ort) as *as*
vor os comhair *os kooˈr (+ 2. Fall)*
vorbereiten réitigh *reetii (K2); TH:* réiteach *reetëëh*
Vorname ainm *anëm (m4)*

W

wahr fíor *fiir*
während nuair *nuër (L!)*
Wald coill *koˈl (w2)*
Wand balla *balë (m4)*
wandern *TH:* fánaíocht *fåniiëëht*
warm, heiß te *të*
warten fan *fan (K1); TH:* fanacht *fanëëht*
waschen nigh *ni (K1); TH:* ní *nii*
Wasser uisce *ischkë (m4)*
wechseln athraigh *arii (K2); TH:* athrú *aruu*
wecken dúisigh *duuschë (K2); TH:* dúiseacht *duuschëëht*
Weg bealach *bälëëh (m1)*
wegen mar gheall ar *(L!) mar jäl er*
weiblich baininscneach *baninschkënëëh*
weil de bhrí *dé vrii (+ go / nach)*
weit i bhfad *i wad*
wenig beagán *bʲogån*

wenn (zeitl.) nuair a *nuër é (L!)*
wenn (falls) má *må*
Westen iarthar *jërhër (m1)*
Wetter aimsir *ämschir (w2)*
wichtig tábhachtach *tåwëëhtëëh*
wieder arís *ériisch*
Wind gaoth *gⁱii (w2)*
Winter geimhreadh *givrë (m1)*
Woche seachtain *schähtën (w2)*
wollen iarr *iër (K1); TH:* iarraidh *iërë*
Wort focal *fokël (m1)*
Wörterbuch foclóir *foklooˈr (m3)*

Z

zahlen íoc *iik (K1); TH:* íoc
zeigen taspáin *taspån (K2); TH:* taspáint *tåspaⁱnt*
Zeit am *am (m3)*
Zeitung nuachtán *nuëëhtån (m1)*
Zentrum lár *lår (m1)*
Zigarette toitín *totiin (m1)*
Zimmer seomra *schoomrë (m4)*
zu Fuß de chois *de ëhosch*
zufrieden sásta *såstë*
zurück ar ais *er äsch*
zusammen in eineacht *in eenëëht*
zuviel an iomarca *én umëkrë*
zwischen idir *idër*

céad ochtó a trí | **183**

Wortliste Irisch-Gälisch – Deutsch

Aussprache und Tätigkeitshauptwörter bitte unter dem jeweiligen deutschen Wort nachsehen!

A

abair *(K1-u)* sagen
abairt *(w2)* Satz (Grammatik)
abhainn *(w)* Fluss
ach aber
ádh *(m)* Glück
adhmad *(m1)* Holz
aerphort *(m1)* Flughafen
ag bei
agus und
aibí reif
aimsir *(w2)* Wetter
ainm *(m4)* Vorname, Name
ainmhí *(m4)* Tier
airgead *(m1)* Geld
aistear *(m1)* Reise
aistrigh *(K2)* übersetzen (Sprache)
áit *(w2)* Ort
álainn schön
Albain *(w)* Schottland
Albanach schottisch
Albanach *(m1)* Schotte
am *(m3)* Zeit
amárach morgen
amh roh
amhrán *(m1)* Lied
an chead uair eile nächstes Mal
An Bheilg *(w2)* Belgien
An Éilvéis *(w)* Schweiz
An Ghearmáin *(w)* Deutschland
an iomarca zuviel
An Ísiltír *(w2)* Niederlande
An Ostair *(w)* Österreich
ann da
annamh selten
anois jetzt
anseo hier
ansin dann; dort
aoi *(m4)* Gast
aois *(w2)* (Lebens-)Alter
aonach *(m1)* Markt
aonarach allein
ar auf
ar ais zurück
ar an bpointe sofort
ar ball beag bald
ar chlé links
ar dheis rechts
ar fad ganz
ar feadh während; für die Dauer von
ar fud na háite überall
ar meisce betrunken
arán *(m1)* Brot
ard laut; hoch
ardaigh *(K2)* heben
ariamh jemals; niemals
arís wieder
arú amárach übermorgen
as von (Ort); aus
áthair *(m)* Vater
áthas *(m1)* Freude
athraigh *(K2)* wechseln

B

b'féidir go/nach *(A!/E!)* vielleicht
bád *(m1)* Boot
bád farantóireachta *(m)* Fähre
baile beag *(w)* Dorf
baile mór *(m)* Stadt
bailigh *(K2)* sammeln
baininscneach weiblich
bainis *(w2)* Hochzeit
bainisteoir *(m3)* Manager
báisteach *(w2)* Regen
balla *(m4)* Wand
banc *(m1)* Bank (Geld)
bás *(m4)* Tod
beag klein
beagán wenig; bisschen
bealach *(m1)* Weg
bealach amach *(m)* Ausgang
bealach isteach *(m1)* Eingang
béaloideas *(m1)* Folklore (mündl.)
bean *(w)* Frau
bean an tí *(w)* Hausfrau
bean chéile *(w)* Ehefrau
beannaigh do *(K2)* begrüßen
Béarla *(w)* Englisch (Sprache)
beart *(m1)* Paket
béile *(m4)* Essen (Mahlzeit)

Wortliste Irisch-Gälisch – Deutsch

Beilgeach belgisch
Beilgeach *(m1)* Belgier(in)
beoir *(w)* Bier
bia *(m4)* Lebensmittel
biachlár *(m1)* Speisekarte
bialann *(w2)* Restaurant
binse *(m4)* Bank
blas *(m1)* Aussprache
blasta schmackhaft
bláth *(m3)* Blume
bliain *(w3)* Jahr
bocht arm
bóthar *(m1)* Straße
botún *(m1)* Fehler
bráillín *(m4)* Laken
breathnaigh *(K2)* ansehen
breithlá *(m)* Geburtstag
bricfeasta *(m1)* Frühstück
briste kaputt
bróg(a) *(w2)* Schuh(e)
bróisiúr *(m1)* Prospekt
brónach traurig
bronntanas *(m1)* Geschenk
bruith *(K1)* kochen
buachaill *(m3)* Junge
buicéad *(m1)* Eimer
buidéal *(m1)* Flasche
bus *(m4)* Bus

C

cabhair *(w)* Hilfe
cabhraigh (le) *(K2)* helfen
cáca *(m4)* Gebäck
caighdeán na Gaeilge *(m1)* Standard-Irisch
cailín *(m4)* Mädchen
cáiliúil berühmt
caill *(K1)* verlieren (Dinge)
caintigh *(K2)* reden
cairdiúil freundlich
caisleán *(m1)* Burg
caith tobac *(K1)* rauchen
caithfidh müssen
can *(K1)* singen
canúint *(w3)* Dialekt
cara *(m4)* Freund(in)
carr *(m1)* Auto
cárta poist *(m)* Postkarte
cas (ar) *(K1)* treffen (begegnen)
cas *(K1)* sich begegnen
casta kompliziert
cathair *(w)* Stadt (Groß-)
cead *(m3)* Erlaubnis
ceamara *(m1)* Fotoapparat
ceannaigh *(K2)* kaufen
ceantar *(m1)* Gegend
ceird *(w2)* Beruf
céirnín *(w4)* Schallplatte
ceist *(w2)* Frage
ceol *(m1)* Musik
ceolchoirm *(w2)* Konzert
cheana féin schon
chun nach (Richtung); damit/(um zu)
cinnte sicher (gewiss)
cíos *(m3)* Miete
cipíní *(m)* Streichhölzer
ciúnas *(w2)* Ruhe
clann clainne *(m1)* Enkel (Mz)
clár *(m1)* Programm
clár ama *(m)* Fahrplan
cleacht *(K1)* üben
cliste klug
cloch *(w2)* Stein
clois *(K1-u)* hören
club oíche *(m)* Diskothek
clúdach leapach *(m)* Decke (Bett)
clúdach litreach *(m)* Briefumschlag
codail *(K2)* schlafen
cógaslann *(w2)* Apotheke
coill *(w2)* Wald
cóisir *(w2)* Feier
comhráa *(m4)* Gespräch
compordach gemütlich
contúirteach gefährlich
cor bealaigh *(m1)* Umweg
córacha leapa *(w)* Bettzeug
cosnaigh *(K2)* kosten *(Preis)*
craic *(w2)* Gaudi
crann *(m1)* Baum
creid *(K1)* glauben
críochnaigh *(K2)* beenden
crua hart
cuairt *(w2)* Besuch
cuairteoir *(m3)* Besucher
cuan *(m1)* Hafen (kleiner)
cuidiú *(m)* Hilfe
cuimhne *(w4)* Erinnerung
cuimhneachán *(m1)* Andenken
cuir *(K1)* legen, stellen *(Gegenstand)*
cuir ar cíos *(K1)* vermieten
cuir ceist fragen
cuir (chuig) *(K1)* schicken (nach)

Wortliste Irisch-Gälisch – Deutsch

cuir cuireadh ar *(K1)* einladen
cuir deireadh (le) aufhören (mit)
cuir glaoch, (teilefóin) ar telefonieren (mit)
cuireadh *(m1)* Einladung
cúng eng
cúpla einige

D

dáil *(w3)* Parlament
damhsaigh *(K2)* tanzen
dán *(m1)* Kunst
daor teuer (Preis)
dáta *(m4)* Datum
dath *(m3)* Farbe
dathannach bunt
de bhrí (+go/nach) weil
de chois zu Fuß
dealbh *(w2)* Denkmal
déan *(K1-u)* machen, tun
déan dearmad vergessen
déan grianghraf fotografieren
déanach spät
deartháir *(m)* Bruder
deifrigh *(K2)* sich beeilen
deireadh *(m1)* Ende
deirfiúr *(w)* Schwester
deisceart *(m1)* Süden
deisigh *(K2)* reparieren
deoch *(w)* Getränk
deoch meisciúil *(w)* Alkohol
dia *(m4)* Gott
díchealach fleißig

dinnéar *(m1)* Abendessen
díol *(K1)* verkaufen
díon *(m1)* Dach
díosco *(w4)* Diskothek
díreach ar aghaidh geradeaus
dochtúir *(m3)* Arzt
dóigh *(K1)* brennen
domhain tief
dona schlecht
doras *(m1)* Tür
dorcha dunkel
dream *(m3)* Gruppe
droichead *(m4)* Brücke
duine jemand
duine *(m4)* Mensch, Person
dúisigh *(K2)* wecken; aufwachen
dúlra *(m4)* Natur
dúr dumm

E

eachtrannach ausländisch
eachtrannach *(m1)* Ausländer
éadaí *(m)* Kleidung
éadrom leicht (Gewicht)
earrach *(m1)* Frühling
éasca leicht (zu tun), einfach
Éilvéiseach schweizerisch
Éilvéiseach *(m1)* Schweizer(in)
Éire *(w)* Irland
Éireannach irisch
Éireannach *(m1)* Ire / Irin

éirigh *(K2)* aufstehen
eitil *(K1)* fliegen
eitleán *(m1)* Flugzeug
eochair *(w)* Schlüssel

F

fada lang
fadhb *(w2)* Problem
faigh *(K1-u)* bekommen; finden
faisean *(m1)* Mode
faitíos *(m1)* Angst
fan *(K1)* warten; bleiben
fánaíocht *(TH)* wandern
faoi unter
farraige *(w4)* Meer
fear *(m)* Mann
fear an tí *(m)* Hausherr
fear céile *(m1)* Ehemann
féar *(m1)* Gras
feic *(K1-u)* sehen
féin selbst
feirmeoir *(m3)* Bauer
feirmeolreacht *(w3)* Landwirtschaft
feithid *(w2)* Insekt
feoil *(w3)* Fleisch
fiach *(K1)* jagen
fíor wahr; *(vorangestellt:)* echt
fiosrach neugierig
fliuch nass, feucht
focal *(m1)* Wort
foclóir *(m3)* Wörterbuch
foghlaim *(K2)* lernen
folamh leer
fómhar *(m1)* Herbst
forc *(m1)* Gabel
fós noch

Wortliste Irisch-Gälisch – Deutsch

freagair *(K2)* antworten
freagra *(m4)* Antwort
freisin auch
fuar kalt, kühl
fuinneoig *(w2)* Fenster

G

gach bliain jährlich
gach duine jeder
gach lá täglich
gach rud alles
gach uair jedesmal
Gaeilge *(w4)* Irisch *(Sprache)*
Gaeilge na hAlban / hÉireann schottisches / irisches Gälisch *(w4)*
Gaeilgeoir *(m3)* Irischsprecher
Gaelach gälisch *(kulturell)*
Gaeltacht *(w3)* irischspr. Distrikt
gaineamh *(m1)* Sand
gairdín *(m4)* Garten
gallúnach *(w2)* Seife
gan ohne
gaoth *(w2)* Wind
garáiste *(m4)* Autowerkstatt
garda *(m4)* Polizei
gariníon *(w2)* Enkelin
garmhac *(m1)* Enkel (der)
garraí *(m4)* Feld
geal hell
Gearmáinis *(w2)* Deutsch (Sprache)
Gearmánach deutsch
Gearmánach *(m1)* Deutsche(r)
gearr kurz
geimhreadh *(m1)* Winter
glan sauber; *(K1)* säubern
glaoigh (ar) *(K2)* rufen, schreien
glasraí (m,Mz) Gemüse
gleann *(m3)* Tal
gloine *(w2)* (Trink-)Glas
gluaisrothar *(m1)* Motorrad
gluaisteán *(m1)* Auto
go (A!/E!) dass; ob
go dtí bis
go leor viel
go luath früh
go minic oft
go moch früh (am Morgen)
go raibh maith agat/agaibh danke
gramadach *(w2)* Grammatik
greannmhar lustig
grian *(w2)* Sonne
grianghraf *(m1)* Foto
guth *(m3)* Stimme
guthán *(m1)* Telefon

I

i (E!) in (Ort)
i bhfad weit
i gceann in (zeitl.)
i gceart richtig
i gcónaí immer
iarr *(K1)* wollen; versuchen; bitten
iarratas *(m1)* Bitte
iarsmalann *(w2)* Museum
iarthar *(m1)* Westen
iasc *(w2)* Fisch
idir zwischen
idirnáisiúnta international
imigh *(K2)* abreisen
imir *(K2)* spielen
in aghaidh gegen
in aice le ... nah; neben
in am pünktlich
in eineacht zusammen
ina dhiaidh sin danach
iníon *(w2)* Tochter
inis *(K2)* erzählen
inné / inniu gestern / heute
íoc *(K1)* zahlen
iompair *(K2)* tragen
is und
is cuimhne le ... ar sich erinnern (an)
is gá go / nach (A!/E!) (es ist) notwendig (dass / dass nicht)
íseal niedrig
isteach hinein
ith *(K1-u)* essen

L

lá *(m)* Tag
labhair *(K2)* sprechen
láidir stark
lán voll
lánúin *(w2)* Paar (verheiratet/verlobt)
lánúin phósta *(w)* Ehepaar
lár *(m1)* Zentrum

Wortliste Irisch-Gälisch – Deutsch

lasáin *(m1)* Streichhölzer
le mit
leaba *(w)* Bett
leabhar *(m1)* Buch
leadránach langweilig
léarscáil *(w2)* Landkarte
leath *(w2)* Hälfte
leathan breit
laethanta saoire *(m)* Urlaub, Ferien
léigh *(K1)* lesen
leigheas *(m1)* Medikament
leisciúil faul (träge)
leithreas *(m1)* Toilette
leithscéal *(m1)* Entschuldigung
litir *(w)* Buchstabe; Brief
loch *(m3)* See (der)
lofa faul (Obst)
lóistín *(m4)* Unterkunft
long *(w2)* Schiff
lorg *(K1)* suchen

M

má wenn (falls)
mac *(m1)* Sohn
mac léinn *(m)* Student
maidin *(w2)* Morgen
maith gut
mála *(m4)* Tasche
mála droma *(m)* Rucksack
mall langsam
mar gheall ar (L!) wegen
mar sin so
mar sin *(nachgestellt)* solch(e,-er,-es)
máthair *(w)* Mutter
meáchan *(m1)* Gewicht
méid *(m4)* Menge (Quantität)
mí *(w)* Monat
mícheart falsch
milis süß
monarcha *(w)* Fabrik
mór groß
mótar *(m1)* Motor
mótarbhád *(m1)* Motorboot
múin *(K1)* lehren
múinte höflich
múinteoir *(m3)* Lehrer(in)
muintir na háite *(m,Mz)* Einwohner
músaem *(m1)* Museum

N

ná als (Vgl.)
nach *(A!/E!)* dass nicht; ob nicht
nádúrtha natürlich (nicht künstlich); normal
nigh *(K1)* waschen
níos fearr besser
nó oder
nocht nackt
nóiméad *(m1)* Minute
nós *(m1)* Brauch
nua neu
nuachtán *(m1)* Zeitung
nuair *(L!)* während, als *(zeitl.)*

O

ó shin *(nachgestellt)* seit
ocras *(m1)* Hunger
óg jung
oibrí *(m4)* Arbeiter(in)
oibrigh *(K2)* arbeiten
oíche *(w4)* Nacht
oifig *(w2)* Büro
oifig an phoist *(w)* Post(amt)
oifig eolais *(m)* Auskunft
oileán *(m1)* Insel
oirthear *(m1)* Osten
ól *(K1)* trinken
Ollanais *(w2)* Niederländisch
Ollannach niederländisch
Ollannach *(m1)* Niederländer(in)
ollscoil *(w2)* Universität
os comhair *(+2.Fall)* vor; gegenüber; über (örtl.)
oscail *(K2)* öffnen
ospidéal *(m1)* Krankenhaus
óstach *(m1)* Gastgeber
óstán *(m1)* Hotel
Ostarach österreichisch
Ostarach *(m1)* Österreicher(in)

P

páipéar *(m1)* Papier
páipéar leithris *(m)* Toilettenpapier
páiste *(m4)* Kind
pas *(m4)* Pass (Ausweis)
peann *(m1)* Stift

Wortliste Irisch-Gälisch – Deutsch

péinteáil *(K2)* malen
péire paar (einige)
pian *(w2)* Schmerz
pictiúr *(m1)* Bild
píosa *(m4)* Stück
píosa pápéir *(m)* Blatt (Papier)
planda *(m4)* Pflanze
pobal *(m1)* Leute
póg *(K1)* küssen
polaitíocht *(w3)* Politik
poll *(m1)* Loch
praghas *(m1)* Preis
prívádach privat

R

radharc tíre *(m1)* Landschaft
raidió *(m4)* Radiogerät
ramhar dick
reidh fertig
réitigh *(K2)* vorbereiten
rith *(K1)* laufen, rennen
roimh bevor
rothar *(m1)* Fahrrad
rud etwas; *(m3)* Ding

S

sábhailte sicher (ungefährlich)
sách satt
saibhir reich
salach schmutzig
samhradh *(m1)* Sommer
sampla *(m4)* Beispiel
saol *(m1)* Leben
saor frei; billig
saor in aisce kostenlos
Sasana *(w)* England
Sasanach englisch
Sasanach *(m1)* Engländer(in)
sásta zufrieden
sásta (le) einverstanden (mit)
scannán *(m1)* Film
scáth báistí *(m)* Regenschirm
scéal *(m1)* Geschichte (Erzählung); Nachricht
scian *(w2)* Messer
sciobtha schnell
scoil *(w2)* Schule
scoláire *(m4)* Schüler
scríobh *(K1)* schreiben
seachtain *(w2)* Woche
sean alt
seanáthair *(m)* Großvater
seanbhean *(w)* Greisin
seanfhear *(m1)* Greis
seanmhathair *(w)* Großmutter
seas *(K1)* stehen
seasúr *(m1)* Jahreszeit
séipéal *(m1)* Kirche
seodra *(m4)* Schmuck
seoladh *(m)* Adresse
seomra *(m4)* Zimmer
seomra codlata *(m)* Schlafzimmer
seomra folctha *(m)* Badezimmer
singil ledig
síochán *(w3)* Frieden
siopa *(m4)* Geschäft (Laden)
siosúr *(m1)* Schere
siúil thart *(K2)* spazierengehen
sláinte *(w4)* Gesundheit
sláintiúil gesund
slán! tschüss!
sliabh *(m)* Berg
sloinne *(m4)* Familienname
smaoinigh *(K2)* denken
snámh *(K1)* schwimmen
snáth *(m)* Faden
snáthaid *(w2)* Nadel
socraigh *(K2)* entscheiden
solas *(m1)* Lampe; Licht
sona fröhlich
sos *(m3)* Pause
spártha übrig
spéaclaí *(m4)* Brille
spéisiúil interessant
spórt *(m1)* Sport/Spaß
spúnóg *(w2)* Löffel
stad *(K1)* halten
stad bus *(m)* Haltestelle
staighre *(m4)* Treppe
stair *(w2)* Geschichte (Historie)
stáisiún peitril *(m)* Tankstelle
stáisiún traenach *(m1)* Bahnhof
stampa *(m4)* Briefmarke
stoirm *(w2)* Gewitter
stopaigh *(K2)* anhalten
strainséir *(m3)* Ausländer
strainséartha fremd
suí *(K1)* sitzen
suim *(w2)* Interesse

Wortliste Irisch-Gälisch – Deutsch

T

tá ... *(=P)* **in ann** können
tá ... *(=P)* **ag súil (le ...)** hoffen (auf)
tá ... ó ... *(=P) (K2)* (etwas) brauchen
tá áthas ar ... *(=P)* sich freuen
tá ocras ar ... *(=P)* hungrig (sein)
tá suim ag ... *(=P)* **i** *(E!)* sich interessieren (für)
tábhachtach wichtig
tabhair *(K1-u)* geben; bringen
tabhair cuairt ar besuchen (Person)
taispeántas *(m1)* Ausstellung
taistil *(K2)* reisen
tanaí dünn
taobh thiar hinter
tar *(K1-u)* (an)kommen
tar éis nach
tart *(m3)* Durst
taspáin *(K2)* zeigen
te warm, heiß
teach *(m)* Haus
teach tábhairne *(m)* Pub
teacht *(m3)* Ankunft
teaghlach *(m1)* Familie
teanga *(w4)* Sprache
téigh *(K1-u)* gehen
téigh ar strae *(K1)* sich verirren
teileafón *(m1)* Telefon
teilifíseán *(m1)* Fernsehgerät
teorainn *(w)* Grenze
thar cionn ausgezeichnet
thíos unten
thuas oben
ticéad *(m1)* Fahrkarte
timpeallacht *(w3)* Umgebung; Umwelt
timpiste *(w4)* Unfall
tine *(w4)* Feuer
tinn krank
tinneas *(m1)* Krankheit
tiomáin *(K2)* fahren
tír *(w2)* Land
tirim trocken
tobac *(m4)* Tabak
tóg *(K1)* nehmen; bauen
tóg ar cíos mieten
toitín *(m1)* Zigarette
toradh *(m1)* Frucht
torthaí Obst
tosaigh *(K2)* anfangen
trá *(w4)* Strand
traidisiún *(m1)* Tradition
tráthnóna *(m4)* Nachmittag; Abend
trí durch (quer)
trom schwer
truflais *(w2)* Müll
tuig *(K1)* verstehen
tuilleadh mehr
tuirseach müde
tuaisceart *(m1)* Norden
tuismitheoirí *(m,Mz)* Eltern
túr *(m1)* Turm

U

uachtar reoite *(m)* (Speise-)Eis
uair *(w2)* Stunde
uair amháin einmal
uaireadóir *(m3)* Uhr
uaireanta manchmal
ubh *(w2)* Ei
uilig ganz
uimhir *(w)* Nummer
úinéir *(m3)* Besitzer
uisce *(m4)* Wasser
uncail *(m4)* Onkel
úr frisch (Obst ...)

Kauderwelsch-Sprechführer

Leute kennen lernen und einfach loslegen: Sprechen

«Wort-für-Wort»
Einen ersten Einblick in die Sprache gewinnen, um die wichtigsten Situationen meistern zu können.

«Slang»:
Die authentische Umgangssprache kennen lernen.

«Dialekt»:
heimische Mundarten von Platt bis Bairisch, von Wienerisch bis Schwiizertüütsch.

«Deutsch für Ausländer»:
Das einfache Kauderwelsch-System auch für unsere Gäste.

«AusspracheTrainer» auf Audio-CD
gibt es zu vielen Sprachführern. Sie werden die "Begleitkassetten" in den nächsten Jahren ablösen.

«Kauderwelsch DIGITAL»
Komplett digitalisierte Kauderwelsch-Bände zum Lernen am PC. Alle fremdsprachigen Wörter werden auf Mausklick vorgesprochen, Bonus auf der CD-ROM: der AusspracheTrainer – auch für Ihr Audioabspielgerät.

Über 200 Bände, mehr als 110 Sprachen
Eine Übersicht über alle Kauderwelsch-Produkte finden Sie unter
www.reise-know-how.de

Der Autor

Lars Kabel, Jahrgang 1969, begann 1990 in **An Cheathrú Rua** (Connemara) Irisch zu lernen, studierte dann an der Universität Freiburg neben Volkskunde/Europäischer Ethnologie auch Keltologie und verbrachte ein Studienjahr in Galway und eines in Belfast, wo er über die irische Sprachbewegung der Stadt forschte. 1998 bis 2000 unterrichtete er Deutsch an der Universität Limerick und ist seitdem als wissenschaftlicher Mitarbeiter am Institut für Volkskunde der Universität Freiburg beschäftigt. Er arbeitet zur Zeit an einer Dissertation über deutschsprachige Auswanderer an der Westküste Irlands und hält nach wie vor regen Kontakt zu irischsprachigen Kreisen.

Tá mé an-bhuíoch leis na daoine a leanas as an gcúnamh a bhfuair mé uathu: Astrid Fieß, Dorothy Ní Uigín, Almut Grzybowski, Máirtín Ó Briain, Eva Große-Siestrup, Mícheál Ó Dónaill, Michael Wälde, Breandán Ó Mearáin, Stefan Tröster, Séamas 'Óg' Donnely, Stephan Baitz, Eugen Scholz, mo chuid muinteoirí Gaeilge agus lucht Gaelic-L.